微商

赚钱的秘密

别告诉我你都不知道

玩赚团队◎编著

广东旅游出版社
GUANGDONG TRAVEL & TOURISM PRESS
悦读书·悦旅行·悦享人生

中国·广州

图书在版编目（CIP）数据

微商赚钱的秘密，别告诉我你都不知道/玩赚团队编著. —广州：广东旅游出版社，2015.9

ISBN 978 - 7 - 5570 - 0135 - 3

Ⅰ.①微…　Ⅱ.①玩…　Ⅲ.①网络营销—基本知识　Ⅳ.①F713.36

中国版本图书馆 CIP 数据核字（2015）第 137539 号

出 版 人：刘志松
策划编辑：官　顺
责任编辑：官　顺
责任技编：刘振华
责任校对：李瑞苑

广东旅游出版社出版发行

地址：广州市天河区五山路 483 号华南农业大学（公共管理学院）14 号楼三楼

邮编：510640

邮购电话：020 - 87348243

广东旅游出版社图书网

www.tourpress.cn

深圳市希望印务有限公司印刷

（深圳市坂田吉华路 505 号大丹工业园 2 楼）

开本：787 毫米×1092 毫米　　16 开

印张：11.5 印张

字数：180 千字

印次：2015 年 9 月第 1 版第 1 次印刷

印数：1 - 4000 册

定价：38.00 元

警! 告!

　　本书含有成年人不明白或明白也不一定理解的内容，25岁以上人士，请在未成年人指导下阅读，否则后果自负。

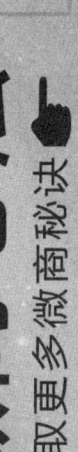

玩赚微商心法

扫码关注，获取更多微商秘诀

玩赚微商兵法

一个中心

一切以"钢丝经济"为中心

两个基本点

1. 创造你的播传机器
2. 创造你的赚钱机器

三大战略

1. 自明星战略
2. 做爆品战略
3. 玩社群战略

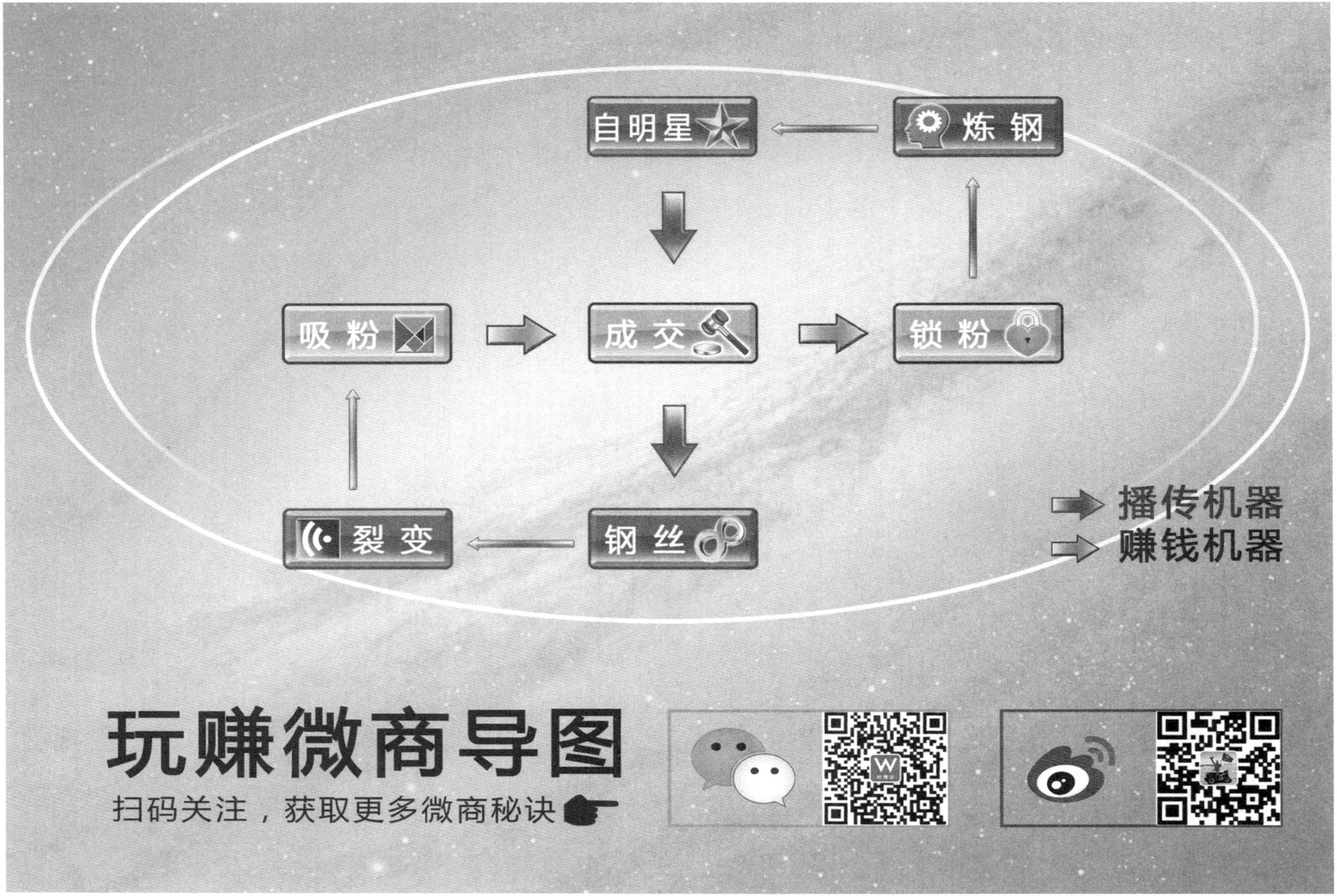

玩赚微商导图

扫码关注，获取更多微商秘诀👉

播传机器
赚钱机器

炼钢
自明星 → 成交 → 钢丝
吸粉
锁粉
裂变

序 言

有个小故事说，有个富翁想娶老婆，有三个美女参选，富翁给了每人 1000 元，考题是请她们把房间装满。第一个美女买了很多棉花，装满房间的 1/2。第二个买了很多气球，装满房间 3/4。第三个买了蜡烛，让烛光充满了整个房间。最后富翁选了胸最大的那个……

这个小故事告诉我们看透本质是多么的重要。所以本书体现了我们对微商本质的思考，从中提炼出来一套"玩赚微商兵法"，别人为了得到它，已经累计花费了 3 天 329 万元的代价。

2014 年，我们用"玩赚微商兵法"操作了两个项目。一个是手机项目，做到 5 个月 1000 多万的业绩，但由于没有核心知识产权最终决定放弃。第二个是"云南茂晚活草堂玛咖"，测试成功后于 2014 年 11 月 1 日正式立项，单日营业额第 72 天突破 30 万，第 93 天突破 50 万，运营 3 个月估值达 3000 万！

策划大师王志纲说，"好的理论，是从天上掉下来，落到地上再生根发芽长出来，最后才能开花结果"。如果用这个标准衡量，这套"玩赚微商兵法"应该可以列为"好的理论"吧！

当然，"玩赚微商兵法"不一定适合每个人每个公司，自己的路最终还是要自己走。希望我们的经验对你有所帮助，创业路上，我们一起"挺住，意味着一切"！

玩赚微商团队

2015 年 1 月

特别提醒 1：千万不要以为把这本书摆在书架上就能玩着赚钱、当上 CEO、迎娶白富美、从此走上人生的巅峰……我负责任地告诉你，别做梦了！玩赚之前，赶紧玩命吧！

　　特别提醒 2：扫一扫关注"玩赚派"微信公众号，回复"视频"即可点播视频，节选自价值 19800 元的微商培训课程！

玩赚微商宣誓词

我———作为玩赚微商人，对用户许下我的职业誓言：

我愿意竭尽全力，心怀谦卑，终身致力于提升个人素养，臻于至善之境，我愿守护"微商"这一称号，通过个人奋斗荣耀我的职业，奉献我的用户，将我的姓名和人格打造成为自明星，并因此获得有尊严的生活、自由的工作时间和用户发自内心的惊喜赞叹。我的产品就是我的承诺，我的承诺就是我的人品，我承诺因为微商人用人品说话，我不仅仅要让用户满意，更要为他的生活带去惊喜和感动，让享受我的服务成为一种荣耀。因此，我得以从工作中得到社会的认可和尊敬！

我遵守以上的誓言并祈祷，要我此生不忘初心，抵达前人所未曾抵达的至高境界，愿上天赐予我人品上的无上荣光，创造出尘世间不曾存在的美好。愿我守护我的姓名，我的父母会以我的姓名为傲，因为它是我汗水的浇铸，人格的品牌，自明星的荣耀，我终将赢得无数钢丝一生之信赖。愿我保有我财务自由和人格独立，永远服务于人类所能想象的美好。

宣誓人：

每位实习生转正之前必须宣誓，才能够成为玩赚公司的正式员工。（衷心感谢医学界的《希波克拉底誓言》，和雕爷创造的手艺人誓言给我们借鉴。）

目录
Contents

chapter three

第一篇　玩赚微商思维

什么！你想要微商赚钱的干货

我知道你很着急，刚打开书就想看点所谓的干货，好让你拿着冲出去就赚钱，干出牛逼闪闪的业绩来。很抱歉，没看明白时代大背景，偶然逮到机会赚点钱，充其量只能算是瞎猫撞到死老鼠。

很多人觉得理论太虚，技术技巧才是干货，或许我们以前对于"干货"的定义有偏差：觉得干货是可以落地的实在的东西，但往往能马上就学会的东西都是"术"的层面，而移动互联网面前从来没有固定的"术"存在。

看了越多成功的电商微商，越发现很多核心的东西往往是"虚"的，是我们在页面和朋友圈轻易看不到的，如产品和品牌定位，人品，赚钱机器，供应链，播传机器，流程管理，人力资源，影响力与现金流，甚至是财务和库存管理。

经历越多，你越会发现在大氛围都很浮躁的行业，比如电商微商，肯埋头干事不那么浮躁的人一般都会笑到最后。

做微商之前，先送你三句话

我坚持认为，先明道，再取势，然后择人，最后优术，这是创业的基本逻辑，同意吗？在你开始微商创业之前，我想先送给你三句话。

第一句话来自《孙子兵法》："善战者，求之于势，不责于人，故能择人而任势。"

趋势比人强，站在风口上，猪都会飞。勤奋干不过天分，天分干不过大时代。胜负之道，在于怎么造势，这得主帅自己研究，而不求于团队。如果事情没干好，你不能骂团队不行，执行力太差，只能怪你自己没安排好，没看清楚大趋势。所以优秀的创业者必须懂得顺应趋势，选对人。

第二句话来自阿里巴巴"参谋长"曾鸣教授："所谓企业家，要有终局判断的勇气，你要敢于判断 5 年后你所在的市场变成什么样，然后，站在未来看今天，很多事情你会一目了然。"

为什么看五年后的行业终局？因为战略思考的是未来，我们要站在未来看今天，对未来行业终局的判断，是这个行业相对成熟的时候会变成什么样的结局。就像爱

因斯坦的公式 $E=MC^2$，看似虚无缥缈，你一旦搞明白了，它牛逼的地方就在于只要熬过临界点，核能聚变裂变就引爆了，赚钱挡都挡不住。

第三句话来自科幻小说《三体》："我毁灭你，但与你无关。"看过这部迄今为止最伟大的科幻小说的朋友，对这句话应该很熟悉，这是高维文明毁灭低维文明的心态。

诺基亚末代 CEO 说："我们没有做错什么，但不知道为什么，我们输了。"这个曾经全球最牛逼的手机公司挂了，却连自己怎么死的都不知道，只知道是那个搞电脑的苹果公司抢了他的奶酪。

余额宝一阵乱搅和，银行的存款又不见了。"打砸抢"专业户 TABLE 纵队（注：一种互联网技术），砸碎无数传统行业只会来一句："我毁灭你，但与你无关。"在互联网乱纪元时代，精通互联网打法的企业要占领传统企业的市场，也只会说"你死不死关我屁事"，就算传统企业恨得牙根痒痒又怎样？乱纪元时的游戏规则就是不按常理出牌。

所以，这本书第一篇"玩赚微商思维"，是关于"互联网 +"趋势的思考，更是关于时代底层源代码的思考。这也是我们实操过千万级微商项目的源代码，而且是开源的，尽管拿去用就是，不用谢我，请叫我"玩赚微商"。

互联网 + 乱纪元来了，你已经无路可逃，别怕，有危机就有转机，更要抢占先机，只要你肯学，没准还能找到自己的虫洞呢。

在别人没整明白的时候，自己快马加鞭拼命干，拿到互联网 + 连接的二向箔（注：科幻小说中的一种武器），你就能笑傲时代了。

第一章 钻进移动互联网的骨髓里

微商到底能不能赚钱

我们先从一个小故事开始。

我有一个做化妆品的朋友乐乐，她只积累了400多个钢丝用户，每年就轻松"白捡"（她的原话）100多万的净利润，只是作为自己的零花钱，买自己想买的包包，去自己想去的地方旅游，有足够多的时间陪伴家人，见证孩子一点一滴的成长。

她仅仅只是自己喜欢买护肤品，拿自己的脸做实验，并把她认为好用的产品分享给她的粉丝——就这样每年"白捡"100多万的利润——毫无疑问，移动互联网微商里隐藏着大把的真金白银，只是大多数人要么轻视微商，要么不得其法根本不赚钱（如果不亏的话）！

那么问题来了：移动互联网金矿挖掘技术哪家强？看完这本书，相信你会有自己的答案。

如果每天都有大量的陌生人被你吸引而来，加你微信变成你的新粉丝，购买你为他们精心推荐的各种产品，接着持续的重复消费变成钢丝（注：粉丝中的一种称呼）级老客户，并且满意度非常高，还主动为你转介绍，裂变出新的粉丝。

月复一月，年复一年，你可能在全球某个海滩度假，或在五星酒店享受美食，或是带着你心爱的孩子徜徉在大森林，而你只需要有一部手机，每年就轻松地"白捡"上百万甚至上千万的利润。我相信不管你在做什么，都不会轻易拒绝像白捡一样的数百万利润。

然而无情的事实是，大量的商家加不到新粉丝、变不成钢丝，就更别提转介绍裂变了。以至于有人认为，做微商的第一步就是如何增加大量粉丝（加粉）！其实

这不是移动互联网的玩法，只不过沿袭了 PC 端流量为王旧思维而已。处理不好，疯狂加粉就是你玩微商的死穴。

大家心里面想学的各种各样的东西很多，首先要明确这本书里我们学的不仅仅是微信怎么卖东西。三年前什么最火？微博。现在呢？微信。三年后呢？不知道。

过去我们习惯了坐绿皮火车，现在坐高铁、坐飞机了。工具是随时可以换的，有更好用的工具我们就要用最好用的工具。我们今天学什么？答案是学怎么样把你人性当中的优点和缺点都原原本本地呈现出来，借助工具让它传得更远，吸引到和你一样的同类，我们学这个。

工具随便怎么变，但改变不了本质。本质是什么？你这个人本身的人品不需要经过包装，不需要经过伪装，你是什么样就是什么样。我们做人要做榴梿。做榴梿的意思是让爱你的人更爱你，让恨你的人更恨你。但是你不能平庸，不能让人忽略你的存在。

借助移动互联网＋微信微博等工具，打造你自己的影响力。在茫茫人海这 70 多亿、中国近 14 亿人中找到你的同类，跟他们一辈子就这么玩下去，就足够了。

三年后什么最火，我们不知道，但是你的"自明星"地位，也就是个人品牌的人格魅力和影响力才是真正持久的竞争力。我们学东西不是你今天学了明年就废掉的东西，而是要学能用 50 年 100 年不变的知识，这样你才可能有积累。

哪里才是微商真正的战场

如果你是将军，你要打胜仗，第一个最重要的战略是什么？是研究你的敌人吗？不是。将军的第一任务，是必须看清楚真正的战场究竟在哪里。

如果你把战场搞错了，带着千军万马，跑到了别人的包围圈里，你的军心再强，凝聚力再大，武器再先进，是不是也会被歼灭？咱们今天做移动互联网的生意，你可能以后也是要带着一支军队来做这件事情。首先你自己能不能看清楚真正的战场在哪里，咱们要做的事情，就是要找到真正的用户是谁。

其实我们争来争去，竞争的是用户，而不是研究怎么搞死竞争对手。确定了你想要的用户，跟别人怎么干就没关系了。比如我想追一个女生，我只要盯着她就行，我只要让这个女生喜欢我就可以了，而不是找情敌拼命。

所以我们要清清楚楚地知道：竞争的本质，一是在于连接用户心智，二是在于开发用户立体价值。一切围绕用户为中心，这才是真正的战场。

那么问题来了，什么是"用户立体价值"？它对于微商有什么战略意义？

我们通常把赚钱机器分成两段：用户第一次成交之前都叫"前端"，用户二次成交重复购买叫"后端"。他对你没有了解，你也需要在茫茫人海找到他，这时候你要做的事情就是通过不断地投钱寻找他，再成交他。

这个阶段你的投资是最高的，收获是最小的。大家有没有听过一个理论叫作你维护一个老顾客的成本是开发一个新顾客的20%。就是说在前端，买流量你的投入是最大的，但是你的收益却是最小的。

这是我们所说的"二八定律"，在前端你投入了80%的成本，只拿到了20%的利润。那后端是什么呢？就是我们从成交之后到变成老客户，锁定他一次又一次地购买，提高他购买的次数，这个部分我们把它叫作后端。

后端，只需要你花20%的成本。比如说你让一个老顾客给你分享一下，你给他打个折后再送他一些东西，这个和你请一大堆人满大街去发传单的成本，哪个更简单更直接一点？所以说在后端20%的成本可以抓到80%的利润。

我们做微商一定要明白前后端的差别：前端花费80%成本只能带来20%利润。后端花费20%成本却能带来80%利润。

为什么会有这样的判断？因为后端有个概念叫"用户立体价值"。把握这个概念，是经营"钢丝经济"的开始，经过积累和裂变，你就能够赚钱越赚越轻松，像乐乐一样，每年"白捡"100万利润也不出奇。

现在很多餐厅做团购，大家都在为拉客户而拼得头破血流，打价格战吸引客户上门。客户去了之后，服务员一看是团购来的，给安排一个靠厕所或者是安排在很挤很小的地方，要不就让客户等很久，因为这种新客户可能来一回之后就再也不来了。你前面的团购投资是不是全部浪费了？而且客户体验很差到处吐槽，微博微信点评等，说这家餐厅服务态度实在太烂了，仅仅因为我是团购的，就给我安排一个靠厕所的位置。你看了之后，还会不会去这家餐厅？

如果你只是在前端这里拼得头破血流，花很多钱买很多流量，买了之后又没锁定他，然后又没有办法跟他发生深度的连接，只不过是投了100块钱赚了20块钱，

这个叫什么？捡了芝麻丢了西瓜。所以做微商永远不要做一锤子买卖。这和很多电商（淘宝、京东、天猫）的玩法是完全不同的。

所以，做微商一定要记得：没有钢丝就没有品牌。没有回头客就不值得做。我们理解清楚了用户立体价值，就永远不会再去虐待客户，做一锤子买卖。所以"互联网＋"微商创业模式，要围绕着我们真正的战场（用户立体价值）来构建。

被大多数人忽略的蓝海

微商们只有理解了这一点之后，才会真正地重视开发"用户立体价值"，做好后端营销，而不是在一锤子买卖上拼个你死我活。无数人一直在找所谓的蓝海，而"用户立体价值"往往是最容易被忽视的蓝海。

用户立体价值包括六点：

第一，用户终身价格

用户终身价格指的是每个用户在未来可能为企业带来的收益总和。比如说你的餐厅，一个客户平均每个月来吃一次，每次消费 100 块钱，一直来三年。三年内该客户的终身价格为 3600 元，假如餐厅的利润率是 50%，那你有 1800 块钱的利润。

这只是个简化的理想模型，实际计算肯定会有出入，我只是希望大家心里有这个概念，用这种思维去思考。现在有很多人做营销，不管实体店还是网店，不知道该花多少钱，没办法控制，心里没有底。我投 10 万好还是 100 万好，投了 100 万好像不够还要再投 200 万，为什么会有这种情况？就是因为没有计算出用户终身价格。

如果我今天找你说，我给你贡献一个这样的客户，你愿意给我多少钱？换句话说，只要你买到这样一个客户的成本上限是 1800 块钱，你就不会亏本。

第二，转介绍裂变

任何微商，都希望钢丝帮你做转介绍裂变，一传十，十传百，越来越多新粉丝。转介绍裂变的力量也是用户最重要的价值之一。

第三，提供用户见证

见证，就是给你的产品做一些背书。客户见证是站在卖家角度来讲的，但是从客户的角度来讲，我只不过把我对产品的体验和感觉分享给我朋友，这个也叫客户的经验故事。

如果你想要一个开餐厅的朋友加入某个平台，不能一上来就直接说要他加入某某平台，而是应该委婉地说我有一个经验可以跟你分享，我有一个朋友也是开餐饮的，他以前也有你这种问题，原来他一天只有 30 个人，一天营业额只有 1000 块钱，后面加入这个平台，现在一天客人也不多，有 50 多个，营业额到了 2000 多。这么讲，他或许会对这个平台感兴趣。

这是客户见证的力量，不是要我们去直推，而是要借助第三方的、别人的口来讲。所以在微商发信息的时候，也尽量少发直接推荐产品的信息，而是要借助别人的嘴巴，尤其是借助客户的嘴巴。

第四，代理加盟或合伙

客户体验了你的产品，感觉这东西真的很不错，市场也挺大的，应该会有很多人购买，而且利润还行，他就可能会成为你的合作伙伴。尤其是微商，从客户中寻找潜在代理更加方便可行。

第五，市场调查和反馈

客户是最称职的产品经理，最不留情面的产品经理，如果你做得好的话还是免费的产品经理。比如很多餐厅的菜单都是一成不变的，如果你把钢丝吃货找出来，告诉他们说下个月有新菜上市，但是不知道哪些新菜可能会被食客喜欢，所以邀请他们来做个封闭内测，请他们免费试吃，然后再把觉得最好吃的菜品告诉你。

假设餐厅一共有十道新菜，钢丝试吃以后，有两个大家都很推荐，其他的人气不高，这时候餐厅再根据钢丝的反馈意见推出新品，是不是比餐厅在厨房里面搞出来直接硬推，受欢迎的把握更大一点？

而且还有一个更绝妙的好处。假如你是这个餐厅的食客，被老板邀请参加了新菜封测，你投票选了 1 号菜，最后这道菜得票最高被选中了，证明你挑菜的眼光很准，你会不会有点成就感？

等到 1 号菜真正上市的时候，你会不会主动跟你朋友讲，甚至还带朋友一起来尝鲜？如果你朋友说"这个菜好像不怎么样啊"，这时候你会怎么跟他讲？你会不会跟他解释这道菜的好处，帮餐厅老板教育你的朋友？

但是你是真的想帮饭店老板解释吗？不对，你只是想帮自己，捍卫自己的观点而已——因为这道菜是我选的呀，我选的当然好吃，你怎么不懂得欣赏呢。虽然餐

厅老板没让你帮他说话，但是你却说了这个话。

在市场调查反馈的时候，一定要让用户参与进来，客户有参与感才会有认同感和荣耀感，不知不觉还会和你站在同一阵线，帮你调查，帮你研发，帮你宣传，帮你教育新用户……而且都是免费的。这也是经营钢丝的小秘密。

第六，质量检测

这是世界上最严格的质量检测系统，你有多少用户，就有多少质检员天天盯着你。因为用户一定会从自己的利益出发，而不会像你跟生产工人感情好就网开一面让劣质产品过关。用户不会给任何人情面，能让用户满意用户就购买，用户不满意用户就不来。质量检验这一关是多少工厂费尽脑筋想做的，经过多少回反复检查都起不到终端客户的这种检测效果。

移动互联网的四大特点

1. 碎片化

流量碎片化

传统 PC 互联网讲究流量为王，移动互联网是留量为王。传统 PC 玩的是什么？拼流量，花钱去买流量，然后把流量引到淘宝、天猫、京东等电商平台上去。

问（1）：淘宝有 800 万的卖家每天不眠不休花钱引流，淘宝会缺流量吗？

答：不会。

问（2）：但是你缺流量吗？

答：缺。

问（3）：为什么你缺流量？

答：因为你把流量都引到别人的鱼塘里去了。

问（4）：你如果还想要流量的话，怎么办？

答：再花钱买。

传统的 PC 电商做概率。比如说我引 1 万个流量，1% 的转化率，成交 100 单。

那我要成交 1000 单怎么办？就去再买 9 万流量，买到 10 万流量是不是？传统 PC 互联网的玩法就是这样，在转化率不变的情况下，你想赚更多钱，就要买更多的流量。而且这个流量你这一次花钱把它买过来了，下一次还得花钱去买，你永远在这个死循环里面绕，很难积累起自己的鱼塘（钢丝）。

传统 PC 互联网流量入口比较集中，比较单一。传统的 PC 互联网比如说淘宝一天的 PV 是好几个亿，你把关键词研究透，把直通车研究透，你敢花钱，你就有可能获得大量的流量。

在移动互联网时代，流量入口被打碎了。打开手机，看你手机里装了多少个 APP？十个？二十个？甚至还有上百个的。这意味着移动互联网时代，用户寻找东西的方式开始碎片化了，你会在不同的 APP 之间互相切换，而不是像过去一样买什么都直接上淘宝比价，查什么资料都跑到百度搜索。

和流量入口碎片化相应，渠道也碎片化了。

时间碎片化

在传统 PC 互联网时代，你的时间是被整块整块消耗掉了，半个小时一个小时甚至更长时间。比如在淘宝买东西，有时候你看了超过一小时之后还是没办法决定，最后都放购物车，等下次再说。

移动互联网上，时间也被碎片化了。比如你刷朋友圈，几乎不可能会刷到超过半小时，更多的时候是拿出手机随便看一下，然后又放回去。就是你的时间不再是一整块一整块而是很细碎的，拿出来看一下有没有新东西。然后又放回去，间隔一段时间再拿出来瞄一眼。所以你的时间也变成碎片了，一次就是几分钟的时间，甚至短的话就是瞄一眼。

另外，内容也碎片化了。和过去写博客写文章要深思熟虑、动辄几小时几天去构思不同，现在大家的更新都很零碎，当下想起什么就发一下，不再是完整的大篇幅的论文，看看你自己过去几年的微信、微博、QQ 空间，基本上都变成了意识流作品，对吗？

再就是需求也碎片化了。过去逛超市逛街的时候，都会先列一张购物清单。现在比如在走路或者蹲厕所，突然想起来要买点什么，拿出手机打开 APP 就买了，而且支付也很方便，等着送到家就可以了。还有就是，对信息、对产品的连接能力越

来越强，意味着大家都能找到自己想要的东西，哪怕再小众的产品，都有 APP 可以连接上。这和过去大规模工业化生产不同，万人一面、生产什么你只能买什么的旧况与当下相比，又是一个非常大的区别。

所以碎片化的需求催生了无数小而美的市场。中国有近 14 亿人口，960 万平方公里的土地，再小众的人群，透过"互联网＋"的长尾效应连接起来也是一块庞大的蛋糕。你只要足够专注打磨好自己的人品和产品，都会有很光明的市场前景。

"互联网＋"，我们庆幸自己出生在了这个最好的时代。

2. 迭代

迭代就要"小步快跑，边错边改"，以很快的速度不停地优化更新。现在产品更新换代的速度越来越快，不要想做到 100 分才开干，60 分就可以开跑了。60 分开跑，当你逐步迭代优化变成 100 分的时候，你会发现你已经领先一大步于那些用传统的思维想做出一个极致 100 的产品的人，市场已经是你的了。

移动互联网时代，变化是时时刻刻在发生的。如果一件事想完想透了再来做，可能最好的机会窗口已经过了。比如说苹果当年推出 iPhone，如果要研发到现在 iPhone 的技术标准再推出，这么庞大的智能手机市场估计早就没苹果什么事儿了。iPhone 也是从 3 开始，3GS，4，4S，5，5S，6 这么一路迭代过来的，这就是"小步快跑，边错边改"的迭代特点。

无论你智商如何，都不比用户高明。所以任何美妙的主意都不如先做出试验版，迅速推出市场做实验，一旦对了你马上能看到增长，并迅速跟进，一旦不对你调整的成本也很低。这是迭代的优势所在。

我们不能完全地把所有的风险都算出来。我们能做的，是看准了前面这一步可以走，马上走了再看下一步，用快速迭代、快速试错、快速完善的方法，然后小步快跑来往前做，而不是说一开始就把整条路想好。迭代的过程里，我们不能掌控会发生什么事情，但我们一定会尽最快的速度去适应新的变化。

当然，迭代不是说你可以把垃圾产品扔出去，再寄希望于别人帮你打磨成极致尖叫的爆品（注：卖得好的商品）。这不是迭代，这是投机取巧。

3. 积累

积累，指的是我们能够真正留住属于我们自己的钢丝用户，最终形成我们自己的鱼塘。而不是像过去那样把用户引到天猫京东淘宝这些平台上面去。

我们原来在京东天猫做男装，客户在京东上买了我们的裤子，感觉很满意，给了超级好评！但看了客户写的好评，顿时有种哭笑不得，欲哭无泪，酸酸的感觉。你猜他怎么写？

他说："我网购这么多年，第一次买到这么满意的裤子！看来还是在京东上买东西靠谱，以后还来京东！"如果你做过电商，相信你也会体会到那种酸酸的感觉。看到这样的评论，真是哭笑不得。因为这个客户是谁的？不是我们的，而是京东的，我们只不过充当了电商平台抓取客户的工具而已。

大家知道，在平台做电商，推广费用是最大的一笔开销，一般会占到营业额的30%左右，高的甚至超过50%！前期我们没客户，投直通车广告花钱买客户也想得通，但就算花钱把客户引进店里成交了，下次我们还得继续花钱砸广告才能有流量，乖乖给平台交钱。为什么会这样？

原因很简单，我们的命根子——客户——被牢牢掌握在平台们的手里。而作为一个创业企业，无论你怎么努力，都不能积累起属于自己的客户池，这无疑是最大的战略失误。800万淘宝卖家，貌似自己创业，其实都只是在帮马云打工而已，在其他平台也一样。作为曾经的平台大卖家，我说多了都是泪啊！

积累是时代趋势，是电子商务进化的必然。因为流量会变得越来越珍贵，你今天投个百度竞价，要成交一个客户，不花个两三百元钱是很难拿到。你花了那么大的代价，拿到了客户，如果是用过去的思维来做，可能我100元钱的成本，加上300元钱的广告费，那就是400元。我再赚一倍，那就要卖到800元。卖完这一单，再找下一个人，不得不做些一锤子买卖的事情，因为平台收取的推广费实在太高了。

过去可以这么去玩儿，但在移动互联网时代，流量越来越碎片、越来越珍贵了。想一想，今天同样做百度竞价，你花了300元钱，有一个客户来买了，如果你让他积累下来，让他回来，不管通过电话、微信、微博还是QQ，你让他再回来，而不是经过广告费那么贵的百度，同样卖800元钱，请问你的利润多了多少？你给百度

的300元钱的"过桥费"是不是就已经省掉了？你做了同样多的客户，但是你的利润可以比别人多一倍。

大家记住一句话，没有回头客的生意不值得做。过去建立在流量思维上，有没有回头客无所谓，只要保证有庞大的流量进来就可以。这在过去的确行得通，因为流量成本很低。现在流量成本越来越贵，如果不能积累，没有回头客，是没办法做长久生意的。

积累有两层意思，第一个你能把原来消失的流量留下来，沉淀下来变成你自己的客户池。

第二个是情感和信任的积累。比如你朋友圈里面有个人经常发各种各样有趣好玩有料的信息，你会不会觉得这个人很特别？你在刷的时候瞄一眼，一个星期两个星期一个月之后感觉就成了好朋友。为什么会这样？因为他在你的朋友圈曝光的次数足够多，虽然没有见面，但是也会有一种很熟悉的感觉。曝光次数多了，信任慢慢就积累起来了。

这是微信微博一个天生的巨大优势，你可以针对同一个人重复曝光。但如果跑到天猫投钻展，想每次展示都让同一个人看到就比登天还难了。

4．裂变

我们叫传统 PC 为"放量"，在你转化率稳定后，你想把营业额提高 10 倍，你就要放量，买 10 倍的流量回来。但是移动互联网不是这样，移动互联网是讲裂变。

裂变，不是从量变到质变，是从质变到量变。因为你质变，吸引到了和你相同频率的人。这些人周边总有几个跟他相同频率又和你是相同频率的，所以裂变势能形成以后，裂变的加速度会非常快。

裂变需有信任基础。比如我有个朋友，别人找他做推荐，他不认识的人都不会推荐。因为没有了解和信任，所以不会做推荐。换句话说裂变就没有办法持续下去，对不对？所以说裂变的前提是有足够的信任度，也就是我们说的积累。你能够积累到信任，后面的裂变才有可能。

有了一定的信任度积累之后，一传十、十传百才能裂变出去。大部分人的朋友圈在 500 人以内，如果你的朋友愿意在他的朋友圈里面推荐一下你，那他朋友圈

500 人是不是都看见了？是吧。而且因为是跟他认识的，所以他推荐你就带着他的信任为你背书。这样就意味着带着信任的曝光次数增加了 500 次，这个才是裂变真正的威力。

通过裂变推荐，推荐人的信任作为背书，比如我推荐你给我的朋友，说你家的产品不错，我的朋友就会更加容易相信你——因为有我的信任转移给了他。这样可以直接从很难成交的弱关系，直接变成中关系。

玩法又变了

第一，不再是机器，而是活人

有个女生发了个动态说："现代社会的女生越来越没有安全感，唯一有安全感的是出门时手机里的满格电。"现在手机突然间没电的话一定会心慌，看到只有 10%、5% 电量小心脏就开始跳，感觉到了大海的一个孤岛上，有可能联系不到朋友，像被遗弃了一样，特别孤独。为什么会出现这种情况？

因为你已经离不开手机了。手机已经进化成了人类的身体器官，就像你的手脚眼睛耳朵一样。现在很多人一天 24 小时手机不离身。晚上睡觉前玩手机，累了就放床头睡觉。早上醒来还没洗脸刷牙就先摸到手机"批阅奏章"。摸手机比摸你爱人还多。手机已经完全和我们的生活融在了一起。电脑还带有一点办公的属性，但是手机已经跟个人的私生活无缝连接了。

所以移动互联网背后连接的不是机器，是活人。活人是什么？有血有肉有情感，有喜怒哀乐，有情绪；有正能量的时候，也有负能量的时候；也需要人爱，也需要人疼。

这是和过去 PC 时代最大的不同，意味着大规模的批量化的东西很难再有市场。个性化的，满足小众需求的，越来越蓬勃发展。在 PC 时代有一个词叫"流量"，查每天流量有多少，不管是 1000UV（注：UV 是指网站独立访客）还是 10000UV，然后算转化率是百分之几，客单价多少，营业额多少。就是你做数据分析的时候会很机械化，人不是人，只是一个 UV 数字而已。久而久之，难免拿流量不当人，而当成纯机器处理。

在"互联网＋"时代，再用这种毫无人情味的机械化分析，你会发现很难玩。这时候不是说流量有多少，应该说这时候有多少人来看了我的东西，赞了我的动态，

有多少人点赞之后还评论了。有互动才有认可度。换句话说，就是看有多少人和你连接上了（发生了关系）。

每一个手机背后都是一个真正的人，我们掏心窝跟别人打交道。你跟机器相处，机器没有喜怒哀乐，机器不会跟你拌嘴，机器不会骂你，你让机器干什么，只要输入指令再回车就搞定。

但是人不是这样，我们来做微商的时候，一定要理解我们接触的每一个 UV 都是一个人。既然是人，就有他爱的人，就一定有他恨的人，一定有他最想报答的人，还有他最想报复的人。所以在考虑的时候，就要站在人的角度进入到他的人际圈子。

第二，不再是演化，而是颠覆

不是一点一滴的演化，像"演化"这个词，用在手机 QQ 上，用在微博都是可以的。都从电脑上一点一滴地向移动互联网转型，但是这种转型没有微信来得快，所以说是颠覆。什么叫颠覆？一切推倒重来，重新建立游戏规则。

游戏规则是什么？就是把人当人看，把流量当人看，把客户当人看，客户不是钱包，想掏就掏。回归到人和人之间的相处，需要情感，需要信任，需要耐心，需要时间和精力。做电商是以产品为中心来思考，做微商却要以人品为中心来思考。这是颠覆了创业逻辑。

钱我们可以不停地赚，钱不是稀缺资源。真正稀缺的是什么？答案是时间。不管你是谁，亿万富翁还是街边小贩，我们一天只有 24 小时。过了就永远也赚不回来了。换句话说，我今天和你吃了一顿饭，花了一个小时，我的时间就少了一个小时，随便到哪里都没有办法弥补回来，不管拿多少钱都弥补不回来。

这个意味着你的时间和精力是有限的，是没办法无限制扩张的。也就意味着单个微商，你只能做少数人的生意，和少数人交往，选值得交往的人。加上本来有中关系的基础，所以微商更适合做高单价。

2015 年低价产品也会在微商流行一段时间，目的是抢夺代理商或者保持团队润滑，但低价瞎忙活半年都没利润，赚不了钱，于是乎又会回到高单价。微商作为新事物，牛鬼蛇神、装神弄鬼、鱼龙混杂是必然的，所以大家都要理解"互联网＋"大时代的底层代码，保持独立的思考判断，既不要因噎废食，也不能急功近利。

2015 年微商行业，做得大不算牛逼，活得久才牛逼。

第三，不再是客户，而是用户

"互联网＋"的大时代底层源代码变了。以前你把东西忽悠出去，客户购买了就达到目的了，而现在你把东西卖出去或者送出去，用户才刚刚开始跟你打交道。比如微信为什么免费，它用免费凝聚了5亿用户。有这样一个庞大的用户群，微信玩"互联网＋"，随便"＋"什么都可以赚钱。

那么怎么理解客户和用户的区别？打比方就是从一夜情到谈恋爱。客户是一次性交易，用户是不断地重复交易，而"互联网＋"对传统企业最大的挑战就是"用户思维"。

什么是客户？我给了你钱，你拿到东西，什么售后都自己搞定，最好永远不要来找我。这就是客户式的思维，好比去饭店吃饭，结账就结束了。用客户思维的卖家，你会发现在顾客掏钱之前他都很客气，掏了钱之后就吹鼻子瞪眼睛，我赚了你这次的钱就够了，只有交易没有交心。

什么叫用户，用户的定义就是能够长期跟你发生"关系"的人。用户能够长期重复使用你的服务，感知你的存在，并且和你一起迭代产品。掏钱买了你的东西，不是结束，而是开始。

用户至上，在互联网时代怎么说都不为过。从这个意义上说，雷军做的不是手机生意，而是通过手机与用户保持连接。打车APP为什么拼命烧钱，不是为了获取客户，而是抢用户，他们实际在竞争连接用户的能力，一旦自己节点的连接数超过临界点就能赢家通吃。

比如说谷歌、百度为什么强大？就是因为控制了用户与信息之间的连接。阿里为什么强大？因为控制了用户与商品之间的连接。腾讯为什么强大？因为控制了人与人之间的连接。

如何连接用户？如何让用户和你长期发生"关系"？如何成为"互联网＋"连接第一节点？这是每个企业都必须思考的顶层设计战略。

其中的关键在于不断地创造与用户的连接点，尽可能多地与用户互动，既要交易更要交心，能够把一次性的买卖变成持续性的连接，让用户不花钱的时候也能记住商家。这也是"互联网＋"最具颠覆性的事情。

假如你卖了个iPhone，如果是客户思维，拜托以后最好不要来找我了。但如果你

是"用户思维"的话，你就会想这个手机以后会干吗，要下载 APP，要拍照，要录像，要玩微信等等。那你就要教客户怎么把 iPhone 最酷最好玩的应用学会。你要客户用得爽，用得开心，用出结果。这是"客户思维"和"用户思维"的一个例子。

反过来，如果你不寻找与用户的连接点，用户越来越感受不到你的存在，双方之间的关系是被割裂的，你的价值就会迅速衰减。而很多传统企业的字典里只有"客户"，而没有"用户"这个概念。所以所谓的传统企业转型互联网，只是简单地想在互联网上卖东西，把原来的"客户思维"照搬到互联网上，把互联网当做一个新渠道去经营，就以为跟上时代了，却最终发现被时代玩残了。

再举个 360 公司的例子。它不靠杀毒软件赚钱，而是通过免费杀毒抢占了海量的用户基数。拥有了海量用户之后，360 公司再向他们推荐 360 浏览器，在浏览器上捆绑导航、搜索、网游等业务，当然如果你用 360 浏览器在淘宝上买东西，360公司也是有淘客佣金的。今天 360 公司一年几十亿营收，不是靠卖杀毒软件，而是靠浏览器业务平台赚到的。

360 公司用免费杀毒，把原来卖杀毒软件的毛利率灭掉了，于是金山、瑞星、卡巴斯基也消失了。周鸿祎淡淡一笑说："我毁灭你，但与你无关。"这是典型的"羊毛出在牛身上，猪来买单"的互联网维度攻击。难怪那么多传统人士看不懂、跟不上。

我们可不可以把成本当投资来思考呢？比如去海底捞吃饭，你在等位的时候就开始白吃白喝，把那些小吃吃饱了就走也没人管你。别的餐厅都没这么大方，难道海底捞傻 B 吗？

当然不是。虽然表面上海底捞貌似吃亏了，但是当你跑去白吃了好几次小吃后，你会不好意思了，就想：真吃一顿火锅吧。你只要真的消费一次，海底捞就把成本变成利润赚回来了，还顺便赚个好口碑。

现在很多互联网企业的成本结构中获取新用户的成本才是最高的。只要用心做好服务，争取用户二次回头消费，就相当于赚到了一大笔推广费。所以我们做微商，必须做回头客的生意。

第四，不再是上帝，而是粉丝

移动互联网时代，不是上帝，而是粉丝。过去大家都强调客户是上帝，客户不管做什么都是对的，客户再挑你的毛病都是对的。现在我们讲粉丝，双方你情我愿，你想买这个产品，你认可我，觉得我的产品靠谱，我保证我的产品和我做的广告是一样的，首先我们要互相来电，我才做你的生意。你不喜欢我，或者我不喜欢你，那你爱谁谁，无所谓。

记住，我们不赚用户的钱，我们只赚粉丝的钱。

这样的话，微商就拥有了选择用户的权利。卖家过去经常犯三种错误：（1）要么把自己当成奴隶，卑微地"跪舔"用户。（2）要么把自己当煤老板，靠砸钱强硬征服用户。（3）要么把自己当神，自说自话叫用户顶礼膜拜——前提是你真的是奔驰、宝马、香奈儿。对于一个名不见经传的小卖家，你凭什么呀！

这都不是值得微商借鉴的关系。真正的关系应该是双方价值观一致，彼此互相认可，你喜欢我，我也喜欢你。

我有一个女性朋友，分享了她的一段经历：

我前段时间去厦门，在厦门有一家服装店，沿街的，我觉得装修挺不错，就进去买衣服。当时买了一套衣服，大概有四五百，后来在结算的时候，商家跟我说，你扫我们的微信，就可以八五折。当时我觉得挺好，就扫了。

回到深圳，发现从2013年年初开始她的个人微信号里面就有上新，而且越来越有规律，比如说一周一次。他们很懒的，基本上不怎么互动，上新的时候会拍照，都是自己的店员，但是拍得很有个性，很有感觉，我就会去看，感觉很好看才去问他们多少钱、怎么卖。

有一次买回来的衣服尺寸不合适，想退。他们就说可以退，但是钱不退，下次上新的时候就在他们店里挑，而且要先把衣服寄回给他们，他们还要接着卖。就是不但不退钱，还要你把衣服先退回去。我说我要退钱！他们说如果这样子的话，你把衣服邮寄回来，我们把钱打给你，以后咱们就不交往了。

当时我非常气愤，我说怎么可以这样子呢。后面我真的把衣服退了，但是我还想在他们家买衣服，又不好意思用自己的账号买，就换一个微信再去买。我是不是很犯贱啊！

粉丝是什么人？是爱你的人，像上面这个女生，她爱这个店家，就算店家折磨她，她也会贱贱的再买一件。移动互联网时代给了微商权利，挑选和你气味相投的用户或粉丝。所以说客户不是上帝，而是粉丝，是喜欢你的人。

第二篇 玩赚微商兵法

看完了上篇"玩赚微商思维"，对时代大势、移动互联网的"水性"有所了解了。那么问题来了，游泳要采取什么姿势？也就是说，微商要怎么排兵布阵才能打胜仗呢？

《孙子兵法》写道："昔之善战者，先为不可胜，以待敌之可胜。不可胜在己，可胜在敌。……善守者藏于九地之下，善攻者动于九天之上。""是故胜兵先胜而后求战，败兵先战而后求胜。善用兵者，修道而保法，故能为胜败之政。"

"善攻者动于九天之上"的意思，类似于"维度攻击"，决定商场胜负的，往往不在竞争的表面，站在更高的维度上，更能洞察时代的本质，颠覆性地创造出新的商业模式。比如微商胜败并不取决于表面加粉技术、宣传包装等，而是品牌定位、供应链把控，甚至是创业者本身的商业修养。

看《孙子兵法》的核心思想，就是"赢了再打"这四个字。所谓"行家一出手，就知有没有"。我们做微商，也必须在保证自己能够不会输的前提下（不亏本的前提下），再想怎么打和什么时候打（如何行动赚到钱）。在投入微商之前，就能知道我们是否会赢，就是重大的战略判断。

所以，微商创业者必须尊重概率，我们要找到大概率的轨迹并参考它，而不是在小概率上投机取巧。这个意义太大了！这就是本书中篇"玩赚微商兵法"的意义，告诉你如何排兵布阵，赢了再打。

那么问题来了，"互联网＋微商"到底怎么玩？我们做了简单的概括，就是"玩赚微商兵法123模式"——一个中心，两个基本点，三大战略。

第一章　他们把微商都理解错了

这才叫"微商"

微商，是在"互联网＋"时代，以用户为中心，创造钢丝经济的创业家。是创

业家，不是一个普通的创业者，也不仅仅是一个个体户，只不过这些创业家刚开始的的确确非常微小。

但是，微商会形成一种潮流、一种趋势。有句话说：不做微商，你不是错过了一次机会，而是错过了这个时代。

如果仅仅只是把你微信的朋友圈变成一个零成本的店面，里面充斥着各种商品推销广告，希望别人看了之后就跑来购买，只要发发朋友圈就能"躺着赚钱"，这是很多人对微商的幻想。

现在绝大多数微商都是暴力刷屏模式。但是我们要玩赚微商，要开启移动互联网微商新时代，肯定不仅仅是把过去个体户或者路边摊的方式搬到微信上来，这个肯定不是我们要的微商。

我们把微商定义为创业家，既然带一个"家"字，你就不要把自己当成一个路边摊的小贩，而且也不要用这种思维来经营你自己的微商事业。带一个"家"字，证明我们大家要对自己定位，要拔得更高一点。

微商是基于移动互联网加社交工具加商业。社交工具中主流的微信算一个，活跃用户4.3亿左右。所谓的活跃用户，就是一个月之内用微信发个语音或者发个信息的。4.3亿，是微信的真实的用户。8亿是账号，很可能一个人搞了好几个账号，放在那不动的。

手机QQ，活跃用户是5.3亿，QQ空间，在5亿左右。微博的活跃用户，1亿多一点。其他的还有陌陌、微话、微视这一类的工具，这些是我们当前当下移动互联网最火热流行的社交工具。

我们做微商是基于移动互联网构建商业模式的，所以说咱们研究做微商就必须利用好这些工具。在当下这个阶段，按照用户数来看，手机QQ、QQ空间、微信、微博，这四个是我们构建移动互联网商业模式首选的工具。其他的陌陌、微视等工具也好，我们可以观察它。

微商进化论

2013～2014年的微商是比较粗暴的。像大家看到的那样，我开一个微信账号，加很多粉丝，然后在朋友圈暴力刷屏野蛮销售，以杀熟为生。但是这种微商运营模

式非常不健康，是我们所不齿的。我们要做不扰民微商，也是 2015 年微商运营模式的重大改变。

2015 年微商核心思路，前面章节已经讲述了，就是打造"个人品牌"——我们称之为"自明星"战略。现在做微商，一定要摒弃老一套的暴力刷屏。思路上一定要很清晰，在我们的朋友圈里如何打造"自明星"，树立什么样的"个人品牌"。你在这个朋友圈里为你的朋友提供什么不可替换的价值或作用，你必须想清楚这个点，再去行动，这比任何技巧和方法都重要。

这个自明星的决定，会影响你之后的一连串行动。包括选择什么头像，个人签名怎么写，用什么封面图，你说话的语言风格，还有你怎么成交，怎么做服务。

玩赚微商心法

为什么叫"玩赚微商心法"？这是做微商的内功心法，不是拳脚功夫技术技巧。我们用七个字帮助你透彻理解这个时代，这样你做微商才能如鱼得水，就像学游泳先要熟悉水性一样。

当然我们对这七个字有特别的解读，并不是大家正常理解的意思。悟透七字诀，你才能悟透微商玩法，这是它为什么能够做到裂变，为什么你能从很小、很慢的积累到后期爆发出裂变能量，由线性增长变成指数跃迁。

第一个字——移

移，意思是信任的转移。怎么理解呢？很简单，比如说东哥做法国进口红酒，我喝了感觉这个红酒口感还不错，尤其是东哥这个人很靠谱。于是我就在朋友圈推荐说："我有个朋友做法国原装进口红酒，口感很纯正，如果哪个朋友需要买红酒可以找他。"再配上我和东哥的合影。

如果我的朋友看到是我推荐的，会不会对东哥有一点信任感？如果我没有推荐，东哥直接找到我的朋友去推销，说他的红酒都是法国原装进口，口感非常好，原价 199，现在只要 99，数量有限，欲购从速。你觉得哪一种方式更好？

所以，"移"指的是"信任的转移"，这是移动互联网，尤其是微博微信天生的优势。任何用户的推荐都带着他的信任做背书，把朋友圈对他本人的信任转移到你身上，这是"强关系"裂变出来的"中关系"，可以直接成交收钱的。所以微商和

淘宝等传统电商玩法不一样，淘宝是"弱关系"做交易。

第二个字——动

动就是你要从 A 到 B，从 B 到 C，不停地流动。换个新鲜点的词，叫"在路上""旅行"。动起来你才会有新鲜的东西，你才会有趣，好玩。如果你整天的生活都是一成不变，朝九晚五，三点一线，你自己也不会有新鲜、好玩、有趣的东西给别人分享。你就是这样一个比较沉闷的形象，也不可能打动别人对你产生兴趣。

你必须得动，你动了之后才会有新鲜的东西出来。目前大家对于"边玩边赚"是非常向往的，所以，就注定你要做这件事情，你必须得有新鲜、好玩、有趣、有料的东西晒出来。比如说你到一个地方旅行，当地有什么好玩有趣的东西，你拍个照发个朋友圈，给大家分享一下。明天到另外一个地方，再跟大家分享一下。今天见了这个人，明天和那个朋友谈天说地，哪天又发生了什么有趣的事，都和大家分享一下。

大家都喜欢玩，你在动、在玩、在有趣又有料的情况下，你不用刻意地去思考今天应该跟大家发些什么东西，因为到了那个点自然而然你的脑袋里面就呈现出来了，就是叫作什么？油然而生。这个时候你发现，你发出来的东西是最自然、最真实、最真切、最能打动人的，叫作天然去雕饰。

在初级阶段，还是要经过我们自己的一些精心雕琢与策划，但是到最后就会油然而生，因为人家对你这个人感兴趣了。所以大家做移动电商就不要待在一个地方白头到老，一定要"动起来"。

第三个字——互

互是什么意思？互动。互动非常重要，没有互动就没有信任，因为你每天在游山逛水，你整天在那里玩，但是你的玩和别人没有关系。你是只猴子吗？在公园里被人看一番，不是吧，所以，必须要和别人产生互动与交流，这样子才能够建立起信任。

我有个朋友是名人，他有个女粉丝不知道是什么原因，只要他一更新动态她就每条必赞，都是第一个，发一个就赞一个。所以他很好奇，这个粉丝究竟是什么人，于是就跑去跟她聊，后来……后来他们就在一起了。

这种点赞，哪怕你没跟人家说话，人家都对你好奇，这个人是谁，为什么那么

关注我。每个人都有一点自恋，有没有照镜子的时候越看越觉得自己怎么这么帅的？怎么能这么漂亮？自己是越看越顺眼。每一个人都会带着这些自恋的东西，也就是希望能够得到自己价值的呈现。但是价值的呈现不是你自己说了算，是要得到别人的认可。点赞和评论是最简单的认可方式。

不管多有名的明星，之前听说《还珠格格》里面那个周杰，尔康的扮演者，是个明星吧。以前不是爆出一个新闻，他的博客，那时候还是博客年代，博客下面他自己会换不同的马甲（注：泛指同一个人不同的网络 ID）去顶自己。"哎呀，周杰我爱死你了，太帅了。""周杰，我是你的粉丝，永远支持你。"

所以，不管一个人多么出名，心里渴望被别人关注和认可的这种人性的基本需求不会变。怎么互动？我们要 100% 站在对方的角度。先干吗？先关注他，认可他，点个赞，哪怕一句话都不说。

我们首先满足别人的需求，其他不管，你点赞就行，每个人都有这个习性，发了朋友圈，没事了就看一看。哎呀，有 50 个赞，额，有 200 个赞，或者只有一两个赞是怎么回事？只有一两个你就找不到自己的存在感了，如果有 200 个赞，还可以跟人家说一下，你看我有 200 个赞。这是在干吗？在炫耀，炫耀的目的是为了得到别人的认可。

所以先给别人肯定，先给别人赞美，给个赞。如果还有时间就评论一下，发一个笑脸。你想攻克的大客户，你就针对他，把他设为星标，然后点赞，没事评论一下。我们平时说话会害羞，不知道该怎么开口。但是现在隔着微信，在大家还不是很亲密又不是很陌生的时候，通过微信给一个表情，或者发一个评价，或者是发一段语音，发一段文字，没有那么多障碍。

我有一个朋友宋先生，来找我之前给我发了很多的微信信息，这发多了也感觉好像有那么一点点熟悉了。熟悉了之后，那就来个语音，语音了后，就可以电话了。咱们中国人是比较含蓄的，微信这种中间隔着一层薄膜，很方便大家和陌生人之间发生关系。

移动互联网，没有互动就没有信任，没有信任就没有成交。信任是我们做一系列工作从积累到裂变必不可少的，叫作核原料。不知道大家有没有留意到一个事情，信任这个东西，很奇怪，跟你见过他多少回有很大的关系。哪怕你们从没说过什么

话，但是你跟他见过很多回，你对他的信任感见一次就会加强一点。所以，信任是靠曝光度。在品牌营销里面，有一个说法叫七次曝光，就是说消费者从接触品牌，到产生印象和购买，至少需要看到它七次以上。

我们要保持在对方面前持续的曝光，比如你天天给他点赞。有一天你不点了，他就会想，唉，那家伙去哪了。连续的曝光，会无形中增加了彼此的信任度。尤其是通过微信这种工具，你过去要跟一个人发生关系，你的时间精力投入很大。比如说我来找你吃顿饭，那我一两个小时没了，在微信上跟别人发生关系，时间的成本很小。而且我一次跟你相处两个小时，不如我分成两分钟一次，给你相处60次。碎片化时间，碎片化曝光，重复曝光，每曝光一次，信任就增加一点点。

第四个字——联

联也可称为连，是海量连接的集合，就是说你和对方之间的世界观、价值观能够达到高度的一致，能够和对方身心灵连在一起。连接是真正的钢丝经济必须具备的东西，如果他对你的价值观、世界观、生活方式及人品不够认可，那他是不符合钢丝条件的。

连接强度越高，钢丝对你的信任越高，而且不可取代。只有你真正地成为"自明星、真专家"之后，才有可能达成这种连接。

微商真正的价值在于连接，这是"移动互联网＋"时代最为稀缺的资源，而不是渠道。连接可以双向互动，你的信息可以传给我，我的信息也可以传给你。我们之间的好感也好，信任也好，通过二度连接、三度连接的网络节点，向四周的"弱关系"人群裂变，吸引更多同频共振的"知音"。

做微商，你有多大的连接能力，就连接多少用户吧，产品只是连接的工具，人品才是连接的节点，而你紧紧连接在一起的社群，就是你的虫洞！趁别人还没搞懂，咱们赶紧快马加鞭，领先一步！

第五个字——网

网，大家可以想象一张网长什么样子，有很多的节点，去中心化无边界生长。网是我们做裂变的一个基础。梅特卡夫定律认为，一个网络的价值等于它节点的平方。一个网络上只有4个节点，这个网络的价值是16。一个网络上有100个节点，这个网络的价值就是1万。所以说网络就是裂变倍增的基础。

第六个字——微

微，就是碎片的意思，包括流量、时间、信息、需求、圈层的碎片化。如果不太理解，请你参照本书"移动互联网＋的四大特点"之碎片化。

第七个字——信

信，大家觉得代表什么？我们把它定义为两个东西，比较低层次的叫信任。什么叫信任？就是你办事我放心，我信你，你拿去做就行了，托付的关系。

信任逐步强化之后会变成什么？变成信用。信用是什么？大家都知道信用卡吧。信用卡是什么？代表着你可以支配的钱。

浅层次的我们叫信任，但是深层次到钢丝这个级别，叫信用。我们可以衡量一下，用商业角度来讲，每个人在你心里面是不是都有一个价码。

比如说我找你，你愿意借我五千块；我找他，他愿意借我五万块；我找第三个人，他愿意借我一百万。这个是不是意味着我在这三个人心目中有不同的价码？为什么你只愿意借我五千？因为你觉得，如果借给我五万，我可能还不起。在你的心目中，我的信用额度只有五千。在第三个人心目中我的信用额度有一百万，这就是信用的不同。

我们要做钢丝经济，尤其是C2B（注：消费者到企业）预付费的会员制，就必须要把信任变成信用。也就是你有需要的时候，像可口可乐说的，今天我的厂房及所有东西全部毁于一旦，只要有"可口可乐"四个字，我就能在一年之内重建一切，这个就是把信任变成了信用。

有了信用，你不需要钱，你随时随地都能变钱。

论微商与三大关系

三大关系指弱关系、中关系和强关系。咱们做微商钢丝经济，这三种关系对我们来说都非常重要。

微信是属于什么关系？和自己关系好的这一圈人，强关系。然后其他的是朋友的朋友，就是这一圈，比如说你的同事，或者平时不是很熟，也许没见过面，或者说是有过联系的这些人，这些是属于我们的中关系。

还有刷屏的这些人，你根本没见过，也不知道是怎么加为好友的，尤其是用加

粉软件加上来的人，这些属于弱关系。

微信可以让强关系更强，把弱关系培养成中关系。所以在这三种关系里面要启动到你的钢丝经济，第一个是要找什么，找强关系。强关系是裂变的种子，中关系才是我们真正的金矿。

咱们中国人的心理特点，就是说赚强关系的钱，除非一开始就很喜欢找你买，一开始就是客户关系发展起来的，那么这种发展到后面，你心里不会有障碍，不会觉得赚他的钱不好意思。

但是如果一开始就是很好的好朋友关系，那这个时候赚他的钱，一般来讲，绝大部分中国人是不好意思的，是不会做这个事情的。所以说强关系只是种子，真正的金矿是在中关系上。因为弱关系你要和他建立信任，一步一步去建立信任，这个过程是比较漫长。

我们在做这个事情的时候，就是要考虑到第一个，怎么样挖掘到金种子，就是已经有强关系的钢丝。第二个，发动钢丝帮你去推荐，帮你去做转介绍，就是强关系让他裂变出更多的中关系和弱关系。

总结一下，强关系裂变，中关系成交，弱关系吸粉（注：增加粉丝）。

第二章　一切以钢丝经济为中心

一个中心：一切以钢丝经济为中心

"互联网＋"时代最适合做什么？我们有一个词叫作"钢丝经济"。

什么是"钢丝"？就是比铁杆粉丝还铁杆的粉丝，我们称之为"钢丝"。移动互联网是非常适合来做钢丝经济的，而且微信等社交工具可以让每个人的个人品牌借助社交软件大规模、低成本地裂变，影响到很多粉丝。在全球 70 多亿人中，找到和

你志趣相投并且认可你、喜欢你的至少 1000 个人，几乎没什么难度。

钢丝的数量，决定微商创业的质量。有句话叫作"没有钢丝，就没有品牌"，没有钢丝的品牌会死掉。我们最终的目标是培养属于我们自己的钢丝。那么，怎样在最短的时间内挖掘到尽可能多的用户并培养成钢丝？

如何挖掘钢丝经济的金矿

初级连接是能够互通信息。高级连接是彼此的价值观高度契合。就像两个人经过了爱情长跑，互相认可达成精神一致，最后结婚生子——这才是真正的炼钢。也许有人会说，天啊，这样创造"钢丝经济"的要求好高啊！光把钱包给你还不行，还要把心也给你。当然，钢丝是微商一直追求的理想目标，暂时做不到，可以从用户、粉丝、铁丝（注：粉丝中的一种）、钢丝一步步做起。

好消息是，根据美国 KK（注：凯文·凯利，美国作家）的"1000 粉丝理论"，任何人只要拥有 1000 个粉丝，每个粉丝每年会用他一天的工资来支持你，大约在 100 美元。如果你有 1000 名粉丝，那么每年就有 10 万美元的收益，对于大多数美国人来说，基本可以衣食无忧，过上比较体面的生活了。

"一天的工资"只是一个平均值，因为钢丝肯定会比粉丝花的钱多很多——20% 的钢丝价值远远超过 80% 的普通粉丝。比如我们提到经营护肤品的乐乐，她只有 400 多个钢丝，年利润就能"白捡"100 多万，都是钢丝追着她下单购买。所以，做微商一定要时时记得关照你最优质的客户，把他们找出来，用 80% 的精力维护好这些钢丝。

1000 人是完全可能做到的数字。如果每天只能增加一个粉丝，从零到一千，也只需三年。但别忘了，钢丝经济还有裂变属性。就像在南宁经营东南亚水果的徐姗，短短 3 个月，付费会员就增长到了 1000 多人。如果你停止空想，而是脚踏实地干活，你会发现原来做微商"钢丝经济"远比你想象的简单。

拥有 1000 个粉丝，你的年收入可以达到 10 万～100 万，甚至更多。对比一下，如果用上班的方式，从大学毕业月薪 3000 开始到年薪百万，需要多长的时间？普罗大众可能一辈子都做不到，就算跨国公司高管，年薪百万也是凤毛麟角吧。

这正是微商的巨大优势，完全可以从兼职副业开始，经过两三年积累和裂变，

自己给自己开出百万年薪的工资，过上体面、自由的生活。

炼钢四部曲教你提炼钢丝

特别提示，本段需要泡妞学的基本知识，请你参考《把妹达人》《迷男方法》，尤其是一本秘籍《泡丁解妞》，看完你就会明白，为什么你关于恋爱 90% 的做法都是错的。如果你想看，请关注我们公众号（见右下角二维码，扫码关注），回复"泡妞"可以下载 PDF 文件。

如果你把"追女生"和"吸用户"做类比，会发现泡妞和营销其实很像，都是研究"如何得到对方的心"的学问。

1. 锁定你的粉丝（锁粉）

锁定粉丝是最起码的步骤，如果你锁不住买家，这回来你这儿买了，下回又跑了，可能就永远消失了，所以第一步要想尽办法锁定买家。比如很多会员制的公司，就是锁粉很好的借鉴。

2. 形成习惯性依赖

锁粉成功后意味着不是一次性的关系，不是一夜情。你可以跟粉丝发生很多次关系，接下来进入炼钢的重头戏，可称为"形成习惯性依赖"。

比如初中生物课我们都学过"条件反射"。怎么训练小狗的条件反射呢？你敲一次铃铛喂它一次，这样重复喂六七次以后，哪怕你不喂东西，只敲铃铛小狗也会流口水。所以大家可以发现，一个品牌能够做大，能够长久成功，都是因为成功地训练了一批钢丝。比如说大家提起王老吉是什么？凉茶，怕上火喝王老吉。是不是建立起了条件反射？"条件反射"是营销的上乘武功，不宣之秘。

训练小狗我们靠喂东西，那么打造钢丝呢？我们要喂两种：一是虚拟的精神食粮，如知识信息正能量等；二是实际的物质好处，如礼物优惠等。

因此，形成"习惯性依赖"怎么理解？人性其实很喜欢偷懒，如果有个专家在旁边，随时能联系到，需要帮助也可以找他，那我为什么还要自己学习呢？慢慢地他就离不开你了。换句话说，就是你的粉丝会把你作为获取知识、信息、帮助的第

一人选。

比如你在经营宠物用品，经常分享关于宠物的知识经验，你粉丝的猫猫狗狗知识都是从你这里获得的，一旦发生什么意外，第一时间本能地想到找你，这就是习惯性依赖。

到这个阶段，已经超越信任到了依赖的程度，他要了解什么知识，或者要找人倾诉，第一时间就会来你这里。离开你他会很不习惯，他的生活从此不完整。所以我们要形成习惯性的依赖。

但是如果你每次都有求必应，会怎么样？就像我大学有个同学，他每次出去宵夜都会给舍友打包带回来，前几次舍友都很开心，可是有一次他忘记打包了，那个舍友就很生气，说你怎么这么小气，一个宵夜都不舍得打。这是发生在我大学时候的真实故事。

还有一个故事可能很多人都听过。说是有个人路过公园，每次都会给一个乞丐5块钱。后来有一次他没给，那个乞丐就拦着他问为什么不给了。这哥们儿说："我结婚了，钱都给老婆管了。"那个乞丐一巴掌扇过去，骂道："你丫居然敢拿给我的钱去哄你老婆开心?!"这当然只是个笑话，但这个乞丐的"习惯性依赖"是不是很严重啊？

3. 冷冻你的粉丝

粉丝形成习惯性依赖以后，长此以往你会很辛苦，对方会认为你的所作所为都是理所当然。所以我们还需要第三步：冷冻粉丝。

俗话就是用忽冷忽热的态度，偶尔打断一下对方的习惯性依赖。打断依赖的目的是强化连接，而不是真的砍断连接。只有失去的东西粉丝才会珍惜，这是人性。所以你要让他体验一下失去的滋味，这个时候他才会真正意识到你的价值，并更加珍惜你。

比如你想追一个女生，通常会怎么做？又是送花又是送礼又是表白情书，还要接送随叫随到，献殷勤拍马屁无所不用其极，企图感动她直到她以身相许。很多男生通常都会这样做，其实这大错特错！女生把这种人叫"死缠烂打的苍蝇男"，最后都会以"你是个好人，可是我们真的不适合"结尾。于是好人苍蝇男在一个大雨

滂沱的晚上失恋了，独自走在大街上问苍天："为什么我为你付出了这么多，你却从来没有感动过?!"

你身边有人有这样的经历吗？欲知原因，关注我们公众号，回复"泡妞"告诉你真正的原因！你绝对想不到，哈哈。

这个桥段很老套很熟悉吧？真正的泡妞高手（营销高手）绝对不会这么做，他就像天边的一朵云，忽远忽近忽冷忽热，刚刚还如胶似漆，转眼你又找不到他了，玩消失。这在泡妞学中成为猫绳理论。

一个男生想追女生，先讨好再表白，岂不知一旦表白就相当于你摊开了自己的底牌，完全丧失了主动权。在两性互动关系里，女生就完完全全拿到你的王牌占据了上风，你的命运就只能等着被审判了。所以要偶尔消失，本来以为你会准时出现的女生，就会忍不住想，这家伙怎么今天不见了，是不是出什么事情了，或者他又在追别的女生了？一旦她这样想，你就强化了她对你的幻想空间。好极了，鱼儿上钩啦！

玩消失有专门的术语，叫"冷冻"，就是把双方很热烈的关系浇盆冷水。所以训练条件反射的第二步，就是用"冷冻"来强化连接。千万不要让对方认为理所当然，要不然会很被动，炼钢也会功亏一篑。

4. 让对方付出代价

经历了第一步锁粉，第二步训练条件反射，第三步冷冻。第四步你猜一下要干什么？

你追一个女生，如果每次吃饭都是你请客，每次出去玩都是你来买单，每次你都有求必应，随叫随到，在这个两性关系里面你肯定处于弱势，你只不过是 N 多苍蝇里面的一只，有你没你对她来说无所谓。

所以，要想办法让对方付出代价，原因有二：一是增加对方对这段关系的重视程度，二是验证一下双方的信任程度。具体来说，这时候就是钢丝买单的时候了，用钱作为代价，很直接也很有效。

有时候我们很难放弃一段感情，或者我们很难放弃一段你投入了精力的事业。为什么会放不下？因为你觉得自己已经为此付出了那么多，就这么放弃实在太可惜，索性再坚持一下吧。是这样吗？

对于炼钢（注：打造钢丝）来说，如果对方不愿意为你付出代价，你就没有办法打造钢丝。能付的代价有哪些？时间、金钱、尊严、面子、情感……

比如说你每天霸占他那么长的时间。有一些恋人分手，双方都会很舍不得，因为在一起已经七年了。现在真的要分手吗？难道我们七年的光阴、七年的感情就这么算了吗？

时间是一个人最有限的资源，跟钱有多少，跟你是谁，是否钻石王老五，还是路边跳广场舞的大妈没有关系。每个人的一天都是 24 小时，所以你占用他的时间越长，他在你身上花的时间越多，他投入的代价越大。钱也是一样的。

尊严，当然不是说剥夺对方的尊严，这样干的话，永远做不到事情。比如女生跟一个男生私奔以后，一辈子不回家，因为她已经把尊严给了那个男生。

这些是能够让对方付出的代价，但是最重要，最核心的代价是他最在乎什么，你就让他付出什么。

比如，你公司员工最在乎钱，迟到一次罚 50，现场结，不要拖，不要打借条，不要签单。如果他很在乎感情，就让他付出感情。如果他很在乎时间，一天日程表安排非常满，几点几分都安排好，你让他付出时间。第一次你说我跟你聊 3 分钟，接下来我还有更重要的事。下回 5 分钟，再下回半小时。对方在乎什么，就让他付出什么。

钢丝经济有个小秘密

产品只是连接钢丝的工具。真正要实现裂变，连接钢丝的关键节点不是产品，而是人品。只有人和人之间才能产生吸引力，不是产品。做微商，你有多大的连接能力，就连接多少用户吧，产品只是连接的工具，人品才是连接的节点。

就像这两年很火的"褚橙"，被媒体称为"励志橙"，真正打动我们的，并不是橙子，而是种橙子的人——褚时健，他大起大落，老而弥坚的创业精神，赋予了褚橙另一层精神价值。

我今天买你的东西，实际上是买你的人品。绝对不是冲着你的产品，而是冲着你这个人来的。在过去要经营自己的个人品牌是比较难的，因为没有合适的工具。

比如说你开了一个实体店，客人买完就走了。下次你上新品要通知客户，通常都是打个电话。这是"瞬连瞬失"的连接模式，刚连接上就断开了。你没有机会在客户面前曝光，更不用说让客户感受到你的个人品牌了。

比如厦门鼓浪屿是个全国文明的旅游胜地，每年有1000多万游客。岛上有个女装店，很有文艺范儿，每天都有数百个游客进店。以前要么游客当场付款成交，要是没成交，游客离开后很可能就再也不会回来了。

但是现在有了移动互联网微信，让经营个人品牌成为可能。老板在店里放上醒目的微信二维码，游客进店随便逛的时候，他都会顺口说一句："你不买没关系，我们加个微信吧。"

老板本身也是个文艺青年，他的朋友圈经常会有读书心得分享，新款介绍。哪怕互加微信之后，游客没买就走了，但通过朋友圈的更新，老板却能在不打搅游客的情况下潜移默化地影响到潜在客户。说不定哪次上新，刚好对你胃口，于是就下单购买了。

这样他一天可以加几十人，坚持半年就加到几千个粉丝了。而且这些人都是偏文艺青年，还进过店见过面，都是非常宝贵的精准粉丝。他用这种方式把原来很局限的店面扩展成了一个虚拟的手机店面，粉丝遍布全国各地。一天微信订单也有几十单，做到年利润几十万。

当然，这不是说仅仅是卖产品，朋友圈内容的规划非常重要。咱们刚才说到了，要经营你自己的影响力，怎么样让你变成一个有料有趣有魅力，能够对别人产生吸引力的人，这都要用心规划，用心经营。

因此我们提出"自明星战略"，学会打造你自己的"个人品牌（人品）"，这是钢丝经济的小秘密。把自明星做好了之后，慢慢地你的身边能够聚集起来一批同频率的、认可你、认可你的产品、认可你的人品的钢丝群体。

第二步，就是要学会把你个人的粉丝变成社群来生存，而不是靠过去的单向沟通。比如一个商家服务了100个客户，但是这100个客户之间互相根本不了解，为什么不让客户之间互相了解？

在过去，我们不敢让粉丝和粉丝之间横向连接，我们只是希望一对一，不知道大家是不是这么干。比如说你是我的客户，你是我的代理，那你直接跟我联系，单向联系，他和他之间又是单向联系，大家没有横向联系的关系，这是过去的模式。

移动互联网，你要形成社群，你必须让粉丝和粉丝之间能够横向联系，和你之间也能够保持联系。你和粉丝、粉丝和粉丝之间，信息高度透明，这样才能够形成社群。

拥有钢丝社群的微商，才是"互联网＋微商"真正可持续发展的商业模式。

第三章　创造你的播传机器

玩赚微商导图：播传机器与赚钱机器二合一

我们画了一张《玩赚微商导图》，帮助我们创造移动互联网微商裂变模式。微商导图上两条线：竖着的红线叫播传机器，横着的蓝线叫赚钱机器。这两条线之间，有细线连接形成闭环，就是播传机器和赚钱机器同步推进的理想状态。

想象一下，这样的商业模式，能够让你赚钱的同时，还把你的影响力扩散，影响力扩散了之后，会吸引更多被"教育"过的潜在粉丝，我们称为"吸粉"，他们又进入到赚钱机器的左边吸粉环节，往右进入销售流程中，然后成交并开始体验你的人品和产品。

再往下进入锁粉（锁定粉丝）环节，锁粉是炼钢的第一步，如果你连锁定粉丝都做不到，炼钢就成了一厢情愿的单相思。锁定粉丝最好锁定他的心，再差也要锁定他的钱包。什么意思呢？就是先预付再消费，微商特别适合做C2B和会员制产品。

然后开始炼钢环节，通过一系列的人脑工程，让他认可你的自明星和真专家地位，开始持续不断地重复购买，为你贡献更多利润，最终这个人变成了比铁杆粉丝还铁杆的钢丝，帮你做口碑裂变，给你吸粉进入新一轮的循环。

播传机器带来的是影响力，赚钱机器带来的是利润。一个好的商业模式，应该

把影响力和利润同时收入囊中。比如像黄太吉，有多少人为了吃个黄太吉煎饼果子就打个"飞的"跑去北京，就是想体验一下传说中的黄太吉到底神奇在哪里。

像雕爷（阿芙精油和雕爷牛腩的创始人）他们，干任何事情都要想尽方法，搞成营销案例。营销案例是在干什么？走播传。播传，而不是传播，这里不是玩文字游戏。比如客户和用户，你理解清楚了之后，就知道他们会有很大的不同。你以客户思维还是用户思维来做事情，你的商业模式是不是不一样？客户思维的着重点是成交，尽量让别人不退，就可以了。用户思维呢？不但要成交，还要让他用得爽。所以用词不同，代表思维模式也不同。

播传机器为什么要走在赚钱机器的前面

播传和传播到底有什么不一样？播传是我播了一条消息，它自己就去传，本身带着裂变的内动力，不用借助外力花钱猛推。传播，我推一下，它传一下，我不推它就不动了。传播是过去的思维，播传是移动互联网的思维。

播传机器把权威、信任的信息大范围传播之后，再把潜在客户吸引到你的成交流程里面。像这样带着信任来的客户和一个陌生人，他产生信赖感的速度是完全不一样的。

所以我们要把播传机器的打造放在赚钱机器的前面。大家来做微商，首先经营的是你自己个人的品牌和影响力。播传机器一定要走在赚钱机器的前面，这才是最核心最重要的一点。

如何打造播传机器

播传机器要播传什么内容？播传机器播传的内容非常关键，在微商的这个特定的环境来讲，除了播传专业知识，你必须要能够传递出你的标准和你的人格魅力。

首先，播传你自明星的人格魅力

在未来的时代所有的品牌必须人格化，所以我们要播传人格魅力。作为一个人，他就会有情绪，有喜怒哀乐，有优点也有缺点。比如说一个人一直看起来都像铁打的一样，永远没有人能够征服他，那样的人你对他会不会产生同理心和亲近感呢？不会。为什么？因为他不像活人。活人谁没有七情六欲，谁没有爱恨情愁？都有吧？

跟大家分享一个"人格魅力的牛逼公式"，很简单，只要做到"五个逼"，你就能变成倾国倾城的万人迷。

一、逼格的提炼

首先确定你想要什么逼格——"我是什么逼"，向往这种逼格的目标用户（潜在市场）多吗？而且你要领先一步，成为目标用户做梦都想成为的那种逼，帮用户回答"我是什么逼"——这种新新人类与生俱来的人生哲学问题。

对于玩赚团队，我们的逼格就是"时间自由、财务自由、不为世俗牵绊，说走就走去全世界旅行，还能边玩边赚钱"的"玩赚自由族"，说句"装逼"的话，就是"你以为我们在玩，其实我们在工作；你以为我们在工作，其实我们在玩"。

"玩赚自由族"的生活方式，不论是上班族还是创业者，甚至是事业有成的大老板，都心向往之的逼格。不信？你随便问一下身边的朋友就知道答案了。

二、牛逼的修炼

修炼自己的绝活，至少有一门自己擅长的手艺绝活才会有立足之地。"移动互联网＋手艺"，能够赋予绝大部分人不错的收益。人若无名，专心练剑。好好修炼自己的绝活，让自己逐渐牛逼起来，久而久之你会成为"神一样的存在"。OK，怎么判断你是否牛逼了？光是赢得别人的订单还不够，还必须让自己都佩服自己。

在钢丝们迷茫的时候，给他精神指引、方向感和正能量。

三、装逼的艺术

"装逼"就是逐步论证你牛逼的过程。首先要传递出你牛逼的形象，不要装谦虚，不要装低调。让人感觉你很牛逼，这是前提，要不然你说什么话别人都不会听。但是千万要注意，不要赤裸裸地炫耀你的结果，而是晒你的过程。

如果你很牛逼的赤裸裸晒出来，那是什么结果？变成了炫耀，对不对，就会被雷劈。比如说你今天跟马云照了一张合影，你把它晒出来，说第一次跟马云合影，没想到马云这么看重我，我紧张得手都有点儿发抖。这样说既高大上又接地气，你单纯的炫耀的成分就少了。

如果你是一个小屌丝，在街边吃着大排档，你跟人家讲自己的人生感悟，有没有人听你的？但是你同样在街边吃大排档，只不过你开了一辆奔驰，那你跟人家讲一讲自己的心路历程有没有人愿意听？

如果你还没有牛逼，你没有资格低调。一旦你本身就牛逼，然后你再一个很谦虚的姿态，比如说你开了一辆奔驰去吃大排档，老板不小心把油泼到你身上，你还笑着说"哎呀，没事儿，我自己拿回去洗一下就好了"，这时候别人会敬佩你，觉得你和蔼可亲，不摆架子，是不是？

但是前提是你开了奔驰，你牛逼啊。所以，先让别人意识到你的牛逼了之后再放低姿态。比如说你开个破捷达去，你也是亿万身家，但是人家不知道，然后餐厅老板同样把油泼到你身上了，你也说"哎呀，没事，我自己洗洗"，那餐厅老板就觉得开破捷达的自己洗就自己洗呗，是吧？

另外还有一个小提琴家的故事。2007年，一个寒冷的上午，在美国华盛顿地铁站，一个男子用小提琴演奏了六首巴赫的作品，共演奏了45分钟。他在前面放了一顶帽子，3分钟之后，有一个人有一点音乐修养，停了几秒钟，走了。4分钟之后，有人给了他1美金，也走了。10分钟的时候有个小男孩停下来想听，他妈妈把他拉走了。

在这45分钟里，有2000个人走过了他的摊位，只有6个人停下来听了一会儿，有20个人给了钱就走，一共收到了32美金。

对一般人而言，感觉这个结果还不错。但是这位演奏者不是普通的流浪歌手，他叫约夏贝尔，是世界上最著名的小提琴家。他到波士顿剧院里面演出一场的门票是200美元一张，他演奏用的小提琴价值350万美元。

同样的人，同样的演出，为什么会有如此大的差别？

贝尔先生，在地铁站没有展示他牛逼的部分，他戴着帽子，低着头，自己拉自己的琴，没人认识，所以45分钟2000人经过，只有6个人听，20个人给钱。所以你如果不能让人家知道你牛逼，你做什么都不对，哪怕你用的小提琴是350万美元，哪怕人家买一张票听你一场演出要花200美元，没用。

但是同样站在地铁里面拉小提琴，旁边有一个文字介绍，我叫约夏贝尔，我这把小提琴价值350万美元，现在我来做一次公益演出，用我最好的琴，弹奏出最美妙的音乐给广大的市民听，大家有钱给钱，没钱捧个人场。你觉得会不会有人围着？会。

所以你必须在最短的时间内传递出你够牛逼，让别人第一眼就能够意识到你的实力和价值。

如何快速论证你的牛逼？

答案是借助超级符号。超级符号是判断价值和信任的快捷方式。找到好的符号，你不需要跟别人解释太多，就能瞬间让别人对你刮目相看，认可你的能力和你牛逼的事实。比如名人、豪车、奢侈品等都是超级符号。如果你想要快速打造互联网界的话语权，可以借助你和马云的合影、和百度李彦宏的合影。

普通人借助超级符号可以快速打造出你自己的自明星地位和真专家话语权。微商要展示你牛逼的地方有哪些符号？发货量、快递单、收入截图、名人合影，还有豪宅、豪车，玩一些别人玩不到的，比如游艇、帆船、跳伞、直升机、飞机等等。

四、逗逼的自恋

什么叫逗逼？偶尔自嘲自黑、展示自恋的屌丝范儿，可以放低姿态，俗称"接地气"，让钢丝们找到优越感和存在感——哈哈，原来这个人跟我一样逗嘛。可以瞬间提升你的亲和力。

一个真正懂得自爱的人，一定也懂得自嘲、自黑。比如，我现在长胖了，那天有个朋友跟我说，你怎么瞬间被吹了气球。自嘲自黑，把自己的缺点放大，不要去掩饰它。不要试图以一种无所不能和无人能征服的咄咄逼人的气势，用逗逼的自嘲、自黑的特点来搞笑，缓和氛围。

你朋友圈里面，有没有天天看到一个人在那里各种姿势各种自拍的？有吧。这种叫作什么？自恋。自恋的人，你感觉他贱贱的、很可爱。

五、"傻逼"的慷慨

做一个《天下无贼》里傻根一样的人，想方设法大方地让别人占你的便宜，比如免费送试用品，主动寄送礼品之类的，要知道在"互联网＋"的时代里，免费的是最贵的，免费可以迅速积累你和用户之间的连接和信任。

我有一个朋友做微商，主营东南亚水果。前期为了吸粉，她傻傻地采取了免费试吃的策略，只要你满足一定条件，就可以申请一年的免费试吃名额，如果觉得好

吃，再在朋友圈分享推荐她的微信即可。就用这一招，她3个月就吸引了1000多精准粉丝做试吃，回头率高达40%，还有很多人直接申请成了代理。当然前提是，她的水果的确很好吃！

最后，再回顾一下，关于创造你的播传机器：

首先明确你的逼格，然后你必须发掘出自己的牛逼之处

你必须让别人知道你牛逼（学习装逼的艺术），要不然你做什么事情都不对，你做得再好别人都会挑刺。你牛逼了，你有结果，你能给别人精神上的力量，传递出正能量。不然你光牛逼，显示出一种目中无人，看不起别人的样子，这种牛逼是没有用的，只能激起别人的反感，我们说的牛逼实际上要转递出你的正能量来。

你光牛逼了，高高在上的，就引发别人嫉妒了。嫉妒是绝大多数人的心理，因为你得到的东西别人得不到。所以，你就要往下面降一下，天使也要落到地上来，要逗逼，要幽默风趣，尤其是善于自嘲、自黑、自恋。自恋的人一般给人感觉有一层贱贱的讨喜感，提升亲和力。

总的来说，牛逼让人感觉在天上，逗逼在地上，自恋贱贱的就是放在别人脚下，被人踩。简而言之，牛逼代表实力，你能够给他精神力量。逗逼意味着你有亲和力，你能够给他乐子。傻逼意味着你能够给他优越感。他有优越感了，意味着他能够从你身上找到存在感、价值感。

从高冷的神（给粉丝精神依靠），加上接地气的屌丝（让粉丝从你身上找到娱乐感和存在感），还能偶尔揩你点油（捞到实际的好处），如此一来，一位上得厅堂入得厨房，床上还疯狂的"美少妇"形象便栩栩如生了，你的粉丝们如何控制得住？如何不引得追求者无数？不尖叫不痴狂才怪呢！

其次，播传你行业的购买标准

比如说什么样的面包最适合小孩吃，有没有标准？如果还没有，你提出来，然后不遗余力地在你的1000个钢丝里面反复强调，那你有没有话语权？

要拿到话语权，第一个，我们不要直接卖产品，首先要制定出来标准。比如在微商培训这个行业，我们制定的标准是什么？结果说话，落地为王。以后大家参考其他培训的时候，会不会去问他："请问，你们保不保证结果？"所以我们播传第一条要播传标准。

以奶粉为例，你跟大家讲，1 到 2 周岁应该如何选择奶粉的 5 条标准。如果你的钢丝接受了这 5 条标准，他要去找产品，他会怎么办？他会照这个标准一个个去检验，对不对？

第二个，如果他周边有人不懂奶粉乱买了奶粉，他会怎么办？他会告诉他们奶粉别乱买，小孩只有一个，再告诉买奶粉有 5 条标准，是不是？

一旦你的客户接受你的标准，他就能自动化地帮你产生裂变。所以说播传最重要的首先是播传标准。不管你今天做什么事情，选护肤品，有没有标准？选酒，有没有标准？选哪些课值得去学习，都可以有标准，对不对？如果你今天做的事情恰好没有标准，怎么办？自己制定标准。你把标准制定出来之后，你才会有话语权，要不然你永远跟着别人的屁股后面走。

第四章　创造你的赚钱机器

像机器一样自动化赚钱

一个从不认识你的陌生人，被你吸引了，或者被你主动加为好友了，再潜移默化影响他，到成交，锁粉，累积一批钢丝，最后在扩粉的时候来做裂变，这个是我们所讲的赚钱机器。

成交是枢纽

赚钱机器由吸粉、成交、锁粉三个环节组成。我们要从哪里启动赚钱机器呢？我的答案是成交。

为什么是成交？因为成交是价值兑换成价格的过程，也就是你拿到收入的过程，没有成交就没钱娶老婆给孩子买奶粉。所以说赚钱机器离开成交就成了放空炮的摆设。

但是仅仅成交当然不行，我们成交的目的是为了锁住用户，而不是为了赚他一次的钱。我们不管过去是做天猫、京东还是做微商或者做其他的平台电商，首先把成交列为一个最核心、最关键的部分，这是我们第一个要啃的硬骨头。打个比方，我们把赚钱机器看成一个水桶，加粉、吸粉是水，成交是桶底。

如果你的成交率很低，就意味着你这个桶是漏水的，而且漏洞很大。流量一进来就跑掉了，过去因为流量的成本很低所以不在乎，你可以引100万个 UV 过来总能卖得动吧？但现在流量成本这么高，你来了之后却有这么大的一个漏洞，那你设计的营销模式里面就相当于一个没有底的桶，所以再多的流量进来也都会流走，尤其是前面的吸粉环节你还要投入 80% 的钱的时候，那是不是就很亏了？

在其他因素不变的情况下，原来是 1% 的成交率，如果你有办法提高到 3%，你前面吸粉、加粉的投入没有增加，你后面锁粉炼钢的动作也没有开展，但是你的营业额却能够提高 3 倍。所以说，想低成本倍增你的利润，倍增你的营业额，最好的方式就是把成交率想办法优化，这是最直接、立马可以见效的。

用户到底买的是什么

用户买东西表面上是对产品的功能感兴趣，实际上是其身份的变化——借助你的产品达成他身份的变化。比如买 iPhone 以后，就成了潮流尖端的人。而没用 iPhone 的都是低端。微商找产品卖点，提高成交率需要挖掘无法抗拒的成交主张，一定要从客户深层次的需求出发，而不单单是你产品的功能。

比如说，你开个奔驰车，表面上看是因为奔驰开着很舒服、很安静，是不是？但实际上你为什么买奔驰？你开上奔驰意味着什么？你的身份是不是发生了变化？别人看你的时候，你开着捷达那是"屌丝"，你开个奔驰那是成功人士。

大家可以想一下，所有的奢侈品都具备同一个属性，成为身份的标签。如果你今天做的东西不能成为身份的标签，你是不可能打造一个有生命力的品牌。比如小米手机，它的身份标签是什么？我是"屌丝"我骄傲。因为过去"屌丝"被人看不起，屌丝没有存在感，没有价值感。小米手机出来后，拿着小米手机，我可以很自豪地告诉大家我就是新一代的发烧友，我骄傲。

成交涉及很多人性的部分，我们人性最深层次的需求是身份的变化，每个人都

对今天的自己拥有的东西、所处的状态、具备的样貌、赚的钱、社会关系不满意。是不是每个人都有一个偶像？不管你偶像是谁，你是不是希望成为他？甚至如果可能还要超越他？

这种偶像就代表着你对身份的渴求，那个偶像的身份就是你想要的身份。我们提升成交率最核心的内核，就是人性。

挖掘产品的卖点，针对客户对身份的渴求的变化来做这个事情。比如说，同样卖假睫毛，一种方式是你跟客户说装了我这个看上去像真的一样。另外一种方式是你跟客户说，如果你装了我这个假睫毛，你老公每天早上睁开眼首先看到的是一双忽闪忽闪的大眼睛，忍不住深情地亲了一下你的额头，你成为他这辈子最珍爱的妻子。你觉得哪个有吸引力？第二个。第二个描述是针对哪里的？情感和身份。

我们看到有很多微商做面膜的说，好补水，嫩嫩的。如果是从客户的身份来讲应该怎么讲？就是说我闺蜜问我，我最近是不是去打了美白针啊，怎么看起来那么白，那么漂亮，都有点不认识了，是吧？这种是不是针对到身份的不同来做的？做客户经验故事的分享有很多种，其中最具攻心力的就是表达出客户身份发生了变化的。

你做微商，刚开始是不是很多人置疑，很多人嘲笑，很多人怀疑，不支持，有吧？比如说你刚开始做了几天不做了，那结果是什么？哈哈，你看吧，我早就跟你说这个没用的吧。他们骗人的，你看，你不听我的。

如果你坚持做，你比别人优秀一点点，别人会羡慕你嫉妒你，但是如果你把别人甩开几条街，别人就会崇拜你。我们"玩赚微商"有一位学员，刚开始做微商的时候很多人说他搞传销，后面他做得很成功，3个月做到了百万业绩，就有人说："哥，你现在是不是发财了，不带兄弟玩儿了。"

所以，微商一个最重要的核心，在你的朋友圈的动态的更新里面一定要体现出你自己身份的变化。我们说微商有五重天，从屌丝派、走资派、偶像派然后再到大师派，再到大神派，一定要体现出你的变化。

提高成交率的两个绝招

1. 必须做零风险承诺

提升成交率第一个必须要做零风险承诺，这是提高成交率的核按钮。我们不管

是卖裤子还是做培训，不管是做手机还是做任何事情，我们有一项最基本的原则，就是必须做出零风险承诺。

同样的两家服装店，一个钱款当面点清，出门概不退换；另一个告诉尽管拿去穿，拿去试，拿去改，你可以穿一周甚至60天，你觉得不值就退回来，我们无条件地每一分钱都退给你。你会选择哪一个？第二个。

零风险承诺除了提高成交率，还有一个作用。咱们做事可能刚开始只是凭着一种良心，凭着自己的人品来做事，但如果你把这个零风险承诺加上去了之后，它是不是变成了你的制度和你的纪律？尤其是这种制度和纪律长期干下去形成习惯之后，对你的提升是非常大的，慢慢就会变成自己的核心竞争力。

举个例子。我们经营的活草堂玛咖，本身产品采用了冻干工艺和破壁技术，质量很好。厂家原来的包装规格是1瓶120粒的大瓶装。如果做零风险承诺，万一用户吃了30粒，剩下90粒退回来怎么办？这瓶玛咖基本就报废了，所以损失会很大。

我们就对玛咖进行了拆分，一瓶120粒分成4瓶30粒的。零风险承诺是你购买3瓶，我赠送给你一瓶，这1瓶你吃了，感觉没有效果，把剩下的退回来，全额退款给你。

同样都是120粒，但是改为小瓶后，一是比较好做零风险承诺，同时减少了双方承担的风险；二是买3瓶送1瓶客户感觉更划算。而且退回来的3瓶还是完整未拆封状态，不影响销售，就把零风险承诺的损失控制住了。

2. 创造便于模仿的成交氛围

成交是不是一个动作？我把钱给你，付出价格拿回价值的一个动作。成交是一个动作。这有什么用？中国人吃饭要用筷子，西方人吃饭用刀叉，你生在中国讲汉语，你生在英国要讲英语，为什么？习惯。是不是模仿来的？所以既然成交是一个动作，意味着成交也可以模仿。所以提升成交率还有一个就是制造便于客户模仿的氛围。

比如一个新店开业要找很多人去排队，那是在干嘛？是不是在制造便于模仿的氛围？比如像很多的工厂给别人做介绍的时候讲，我们工厂占地面积有多大，专业技术有多强，员工有多少，从事这个行业有多少年，拿了多少奖杯；而另外一个卖

家只是说我这里每天发货发到脚抽筋，客户好评快淹死我了。你说哪一个有说服力？第二个。

为什么是第二个？因为你介绍你工厂的厂房、占地面积、机器、设备、员工，客户能不能模仿？模仿不了，是不是？大家可以观察，凡是做得好的微商都有一个非常大的特点，他们发得最多的是什么？客户的经验分享，还有发货、收款的截图。

这些东西是在干吗？让客户能够容易模仿。

这不单是在微商上要用，包括我们以前在天猫、在京东上一样在用，只不过现在换了一个工具在用而已。以前，Andy 刚刚负责我们当当的时候，就简单的一招让成交率飙升了 3 倍。干什么？刷单。刷单，是为了干吗？羊群效应。看到很多人在买，跟一个店刚开业的时候让很多人去排队是一样的。

但是光刷单还不够，他还干了一件事情，就是把一个商品的价格改成 1 块钱，然后买了 1000 件，再写 1000 条评论，就这一招。你进去的时候看到一个产品的下面成交记录是零，没有客户评论，和你进去之后看到一个产品下面的成交记录是1000，而且这个客户的评论很多很多，根本翻不过来，你会相信哪一个？

刷是一种方式，是为了制造模仿的氛围，但是如果为刷而刷，做什么都靠刷，那就走歪了，叫走火入魔。

锁粉——看不见的蓝海

我们成交的目的是为了锁定买家。锁粉第一重境界就是不管情不情愿都要绑定买家。锁粉第二重境界是让买家离不开你，自愿发生关系产生连接。你只要能锁定买家，你就有机会开发他的立体价值。锁定客户，意味着你得到了他的允许，能够和他重复地发生关系。

锁粉第一重境界：绑定

在你现有的产品结构里面，你思考一下有没有这种可能对你的产品做一下改造，对你的成交主张做一下改造，能够重复地和客户发生关系。比如说，咱们卖化妆品，有没有经常会收到试用装？试用装是连续的吗？还是你买一回送一点？不买就没有了？

现在我们以锁定客户为标准来做，你的试用装该怎么处理？定期送。为什么？送试用装就是给他体验，他感觉好再来买。问题在于你送了，他体验也很好，但是

请问有哪个客户会一天到晚把你的名字挂在嘴上？有没有这种经历，你很久之前买过一个东西你觉得很好，现在你又想去买它，到处找你的成交记录、购买记录，找不着，它叫什么名字你也想不起来。

这种情况都是很大的损失，那我们怎么办呢？比如说，我们把试用装分成12份，每个月给他寄一份，可不可以？你每个月给他寄一份，快递是要他本人收的，是不是相当于你每个月都要在他面前出现一次？如果你的试用装好用，他下一回想来找你，能不能找得到？你每个月在他面前曝光一次，连续几个月，他肯定能记得你。

锁销经典案例1－阿芙精油

阿芙精油听过吗？阿芙精油用的最好的一招——99块钱，一年12次，每次不低于100元的产品试用装寄给你。

他是在做什么，在"锁"是不是？99块钱，说多也不多，就那么一点点钱，但是对于客户来讲，这些东西是我花了钱的，和你免费送他的有什么区别？我花了钱我要捞回来。每个人的人性就是这样，我花了代价我就要把它赚回来，所以他对这个试用装的珍惜程度和使用程度是免费送给他做不到的。

锁销经典案例2－老罗英语

不知道大家知不知道老罗英语，当年老罗还在搞英语的时候，免费听课，在高校做宣传，原来你收费公开课多少钱，你搞成免费了还是那么多人。后来他们用了一招，让他们去听课的人多了3倍。

怎么做到的？一块钱听8次课，谁买不起？自从搞了这个之后，他们的前台那里就多了很多像山西煤老板一样的土豪，一下子甩10块钱来，"给我来10张"。来10张干吗，他要喊10个人去听。

如果变成一块钱一次课，行不行？只有一次，要么你这次成交，要么这一次让他走，就没有后续了，换句话说你就没有起到锁定客户的效果。一块钱听8次课，在这些学生的脑袋里面，老子花了钱的，听8次课，这样起到锁定客户的效果。

同时让客户感到内疚，他第一次占了你的便宜，第二次占了你的便宜，第三次占了你的便宜，这时候他心里面会产生这种想要回报的意愿，这个内疚比信任来得更猛烈。

我们在设计制度绑定到客户的时候，一定是周期性、规律性、重复地来做这件事，把你的产品想办法加进来，这样才能够绑定客户，与其重复发生关系，

锁粉第二重境界：连接

连接，要和客户精神上达成一致。连接的秘诀就是让客户有参与感，有存在感。

我们做的东西必须让客户参与进来，我们不可能把一个完美的东西推向市场，让客户没有存在感，没有成就感。

所以，哪怕产品很完美，也要留出一个漏洞让客户去找，他提出来之后，我们就说"哎呀，你说的真对，我们马上改"。然后大面积地宣传，哪一个客户给我们提出了非常宝贵的意见，作为对他的感谢，我们要给他什么样的回馈，或者是请他来做分享为什么能把我们的产品用得那么好，而且对他说我们工程师都没发现的漏洞被他发现了。这样客户就有存在感。

裂变！裂变！裂变！

裂变是移动互联网的一大特点，同时也是《玩赚微商导图》的重要环节。用利益启动裂变是最常见的做法，粉丝帮你做口碑是出于利益的诱惑，适合在弱关系和中关系里面传播；如果是在强关系里面你用利益去做的话就会让人担心"见利忘义"的反作用，尤其是中国人天生就抵制熟人赚他的钱。另一种是八卦。

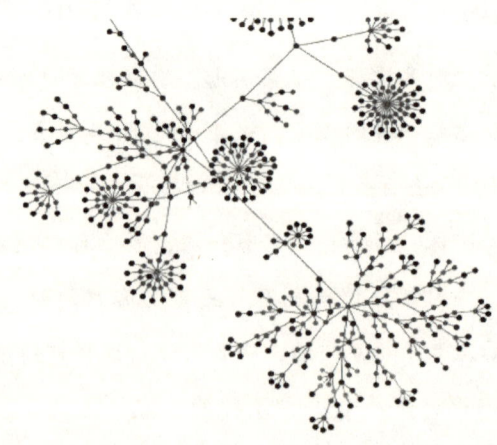

弱关系、中关系和强关系，针对不同的关系我们裂变的措施不一样。弱关系，比如像淘宝客，他为什么帮别人去做推广？因为有利益。反正谁买了我也不知道，但是我赚钱了。

对于强关系裂变，一定用情感。对于中关系要用什么？中关系和弱关系都通用的，要用利益驱动。

要想自动化裂变，其中"忍不住要告诉别人"和"方便转发"，这两个是自动化裂变的关键因素。

你去一个店里买东西让老板便宜一点，老板刚开始不肯，后来又说要不这样吧，我便宜一点卖给你，你给我介绍几个人来，有没有这样的？有。你答应老板以后给他介绍，但购买了之后就没有以后了。

所以说，过去没有微信、微博这样的工具，你要帮商家去转介绍商品信息会比较难。现在方便多了，拍一张照，发一下朋友圈，或者是分享一篇公众号的文章就完了。最好你直接把文案和图片都准备好，直接发给粉丝复制粘贴。

现在关键在于憋不住上，怎么办？比如说你现在是做餐饮的，你想让别人憋不住一定要分享你这家餐厅怎么办？是不是跟他说，你今天吃的菜品感觉怎么样，拜托你给我们的餐厅推荐一下，推荐给你朋友。如果是你说好吃并且要用这样方式去请求客户来做的话，你不请求他就不干了。

所以这个憋不住很重要，怎么样让客户能够憋不住，发动裂变？比如说在海底捞，每次那个捞面上来，周边一群的手机就举起来拍。为什么？因为有趣，他会调戏你，这样一甩，好像要把你的头给套起来，又跑了。

除了搞拉面之外，还搞了很多东西。比如说你吃着吃着，因为海底捞是四川的，就有人变成熊猫出来，然后小朋友追着叽叽喳喳的，家长看到小孩子这么开心，又拍照分享了。

四川不是还有那个川剧变脸吗？但是现在不是真的变脸，只是按一下就变一张脸。任何人你只要去学个两分钟就可以变脸了，然后穿着叮叮当当的敲锣打鼓一出来，拿着相机拍一张变一张脸，拍了又发出去了。想一想，每天几百个人同时在那里吃，然后有各种各样让你憋不住的东西出来，海底捞要不要付你广告费？没有啦，是你心甘情愿免费帮它做广告。

在你现有的销售流程里想办法加入裂变这个环节。比如你是卖服装的，在服装店的入口放一座戴安娜王妃的蜡像，别人来到要不要合照？合照之后要不要分享？老板不需要请你介绍客户，但是你会不自觉地做这件事。

吸粉——碎片化时代怎么吸粉

你的粉丝从哪里来

我们玩微商吸粉，有种玩法叫"滚雪球"。比如说我有一个微信公众号，里面有 100 万的粉丝，你也有 100 万的微信号公众粉丝，那我们可以互推。虽然不能完全公平，但是效率是非常高的，这也是互联网的开放裂变模式，传统市场你争我抢的零和游戏早就被淘汰了。

关键这是非常具有杀伤力的流量滚雪球模式。当你有了 100 万粉丝，你就可以跟拥有 100 万粉丝的人合作，你的成长速度就是 100 万级别的成长速度，互推一下你就来 1 万了，很快可能就 200 万了。当你 200 万的时候你就可以找 200 万的合作者了，这个时候推一下就 2 万了，理解吗？就是雪球越滚就越大，而且你发现后面越滚越轻松，别人跟你合作的也越来越多。这也是我们粉丝为什么能够来得这么多，完全靠积累和裂变！

个人微信互推

之前微信没有限制好友数量的时候，我们测试过一种方法，就是用了一个几千好友的账号，每天做资源人脉推荐，今天介绍 A 领域的达人，明天介绍 B 领域的达人。当然，被推荐的达人也要推荐我们的账号，这叫"礼尚往来"嘛。

我们找了专人负责达人互推，不到一个月时间，这个账号粉丝数量就达到了13000 多人（当时个人号好友没有上限，不像现在最多只能有 5000 人）。但是现在类似的方法也能用，你也可以去连接一些圈子里的 KOL（意见领袖），做一些比较软性的互推合作。另外，相互发名片，互顶互赞也是一种方式。

微群挖掘哪家强

在当地是有群的，尤其是大群，怎么打入这种圈子就尤为关键了。如果你是微商从业人员，从现在开始必须组建你当地的微营销圈子，去认识你当地的从事这个行业的人。你通过跟他建立关系，尽可能地接触那种在当地拥有资源的或者有群的。

例如他是当地的学生组织，某某协会什么，肯定是有群的。你去打入这种群，目的是什么？拿到里面的名单，一个一个地加。

群的力量是非常大的，总结一点就是你要借助一切资源跟力量，尽可能发现跟你目标群体相关的微信群，进去之后混个熟脸，然后加人。

上面这个思路是你去挖掘已经存在的微信群。假设一个群有100到150个人，你想一下你在当地只要挖出10个群就有多少人了，而且都是带有半熟人关系的。我们做微信销售思路需要划分一下，就是我们做熟人强关系怎么做，做陌生人弱关系怎么做，最关键的是中关系怎么做，因为中关系是成交的金矿所在地呀！

自己建立微群

你也可以自建很多很多的微信群，让别人把人加进来。但是这要有一定的付出，需要提供一定的价值。你可以按兴趣作导向，如游泳协会，你必须自己喜欢游泳才可以。创业协会或者其他行业，你自己在什么专业领域，你自己组建相关的群，然后去运营。你要把你的群盘活起来，让你在微信群这个领域、在当地形成一定的影响力，然后可以跟别人交换资源。这是非常高阶的玩法，不建议每个人都玩。但是，如果你确实有能力的话，也可以往这个方向发展。

大号与小号

我们做账号的时候很多人都会想到我就做一个账号，你可以专心致志地做这个账号，但是可能你操作空间就少了。我们可以做一个主号，再做一堆小号。

做一个主号，职责就是专心致志地把一些精准的客户维护好。我们再做一堆小号，我们把这个小号叫流量池，就是把粉丝先蓄积起来，再从中挑选精准的意向用户。另外，小号可以做一些比较冒险的测试，但是主号千万不要越雷池，比如像"摇一摇""附近的人"，主号千万不要动。

流量池跟我们主账号之间有什么关系呢？流量池里应尽一切能用的加粉办法和吸粉办法，目的就是要流量池有更多的流量。换句话说就是有更多的粉丝，怎么来粉丝你就怎么干，追求的是量。而主账号这边依赖的是在这个流量池里面去设定一些转化方案，导流到主账号这边来。

我们现在有一个账号，名字叫"胸大的蝴蝶"。这个账号里我们已经吸引到了5000个粉丝了，用什么策略要粉丝关注卖玛咖的主账号就显得非常的重要了。

如果你工作量或者你的团队特别大，工作量不是特别满负荷的话，可以分一个人专门去聊天，每天都跟客户聊，客户聊什么这个人就聊什么。聊天过程中可以进行目标客户的筛选，这个账号也会跟主号类似的有一套运营机制，这个运营机制就是不断地发朋友圈，只不过这个朋友圈的定位内容跟我们主号的定位内容肯定不一样。

这个账号的朋友圈内容可能更多的只是晒他的个人生活，偶尔的来一条我今天拿一个玛咖，明天来一个玛咖，后天来个松茸，大后天再来个松茸。时不时地把产品拎出来晒一晒，只要跟粉丝的关系能够保持，让他不要删你，他迟早就会看到这个产品。

基于流量比例的这种原则，哪怕 5000 人里面有 1% 的人对产品感兴趣，你都可以直接转化 50 人过去。如何转化？比如说他看到朋友圈之后，问你这个玛咖价钱，你说这个不是我卖的，是我朋友卖的，你有兴趣的话可以加我这个朋友的微信，报我的名字直接给你便宜 100 块钱，可不可以？

这样转化的概率也就能够大大提高了。按照 1% 来算，你只要精细化去运营，5000 人里面能够挖出 200 个绝对是可能。1% 是很保守的，1% 就已经是 50 个了。试想一下，如果我们有 10 个这样的账号，你的主号至少就有 500 个超精准的流量。

500 个精准流量，在一个产品复购率非常强的情况下已经非常厉害了。而且，这个 1% 是完全可以提高的。我们横向的量也是可以扩展的。

如果你的运营能力再强一点，还可以怎么办？可以把所有账号都当成类似于主账号的运营机制去运营，就不用再引流了。每个账号都分配给一个人，直接在上面做运营，只不过这个过程可能稍微困难一点点。你的广告在前面这段时间不能太多，慢慢他们都开始接受你了。后面相应的产品信息曝光到位，慢慢就可以开始转化出来。

但是一般我们不这样做。我们做流量的思路主要是把小号当做流量池，先让流量进来，比较粗犷地管理，不用投入太多的时间成本。然后经过一个筛选的方案，让一些我们想要的流量流到我们主账号去。我们更多的精力投放在怎么经营好主账号上面来。

关于"胸大的蝴蝶"背后的营销思路，实际上我们做营销，最大的营销点在哪

里呢？第一个最关键的词是人性，第二个词是好奇。不管我们以后做任何的营销工作，首先第一点我们要吃透的是我们做这个事情的背后人性到底是怎么样的。理解这个人性以后，我们会发现很多时候人性里面最大的一个点就是在于好奇。

如果你想让这个转化率更好，或者效益更好，你就一定要往这方面去靠，抓住人的好奇心。一旦你涉及这点，你后面的转化率就能够高高往上走。

账号名字其实相当相当的关键。如果我直接把一个名字改为"约泡，加我"，是不是很直接？很直接也很有吸引力。但是，第一，粗俗了。第二，能影响到的人肯定不会特别特别多。第三，我都知道你干这个事情，我对你已经没有太多的想法了，而且类似于你这样做的人太多了，我不一定选择你，我可能选择其他人。

所以最终的转化率达不到我们想要的。我们需要制造一点悬念，留一点想象空间给那班人。他们越好奇，内心就有更多的欲望跟冲动想加这个人来看一下，到底为什么这样。

比如说刚才这个名字叫"胸大的蝴蝶"，是不是有好奇点？蝴蝶是一个人的名字吗？如果不是名字，为什么蝴蝶能这样？这个名字怎么来的？为什么这样叫？首先名字就会引起一连串的疑问，就会想这是关于名字的特点。

从图像看，如果直接放一个暴露的，神秘感就被破坏了。选头像有一个特点，不能太露，要漂亮。有一点小小的清纯，又不是太色，有一点想象的空间，跟你的名字配起来。

全网营销

做微商除了在微信微博转悠，只要你能把握引流吸粉的功力，就可以勇敢地走出去，到互联网的海洋里寻找你想要的鱼群，比如百度、天涯、淘宝、豆瓣、论坛等，它们的理念是相通的。这些网站有两个作用：第一个作用是挖掘你的精准用户，第二个作用是跟你的目标用户产生联系。

微博也好、贴吧也好，其他平台也好，发挥你的聪明才智，理解你的用户群体特性。然后研究任何一个平台是怎么呈现出来的，怎么去接触他们，怎么跟他们产生联系，最终让他们导流到你的微信里面去就 OK 了。所有平台都是一样的原理。

比如微博，它是完全开放的一个平台，上面所有的用户你都可以通过搜索得到。你可以搜各种公司、大学，然后做什么？进行关注，关注之后你就可以进行私信、

评论各种互动。然后引导到你的微信的主平台来，当然这个需要花费一定的心思。

还有微视，微视为什么我要推荐一下？因为微视是 2014 年腾讯内部的一个明星产品。明星产品，有一个好处就是新用户特别多。新用户我们要去做营销的话，转化率会特别高。所以可以研究一下在微视里开通一个账号，赚点粉丝，然后曝光你的微信号，导流到你的微信平台里面去。当然这也是很高阶的一个玩法。如果你有精力和自媒体精神，可以去研究。新平台转化率是最高的，因为没有人去骚扰过他。

微视怎么玩？微视主打的就是那种透明化自己，把自己真实状态通过视频方式呈现出来的一个客户端。这个其实跟我们说的微商的理念是相通的。你可以通过玩微视尽量把自己曝光，吸引一些粉丝。对于新平台，美女仅仅坚持把自恋的视频拍出来，就拍那么 8 秒钟，秀秀美腿或其他什么。因为平台新、用户新、缺乏内容，机会也多，官方会推荐，每天就很多人加。

第五章　自明星战略

为什么要做自明星

微商必须用人品来担保产品，成为"人品担保"。简单来说就是卖产品不如卖自己。用户少的时候，还可以有时间有心情一对一慢慢聊，让双方经过充分了解和沟通再成交。

比如乐乐（400 粉丝，年收入 100 多万），她选每一个产品都要自己亲自用过，必须自己对比之后觉得不错才会推荐给粉丝。这个东西能不能赚钱、能赚多少钱都是次要的，首先是产品是否给力。

她长期这么坚持下去，粉丝知道她是自己用过觉得靠谱了才上架，才卖的，粉丝形成这种条件反射之后，她下一次推荐这个氨基酸洗发水，用了之后感觉很好，

你要不要用？

当粉丝对她的人品认可了之后，无论她推荐洗发水还是推荐其他东西粉丝都会认可。这个和做产品的思维是完全不一样的，做产品的思维是盯着一个产品去做，然后不停地打广告，形成固定的条件反射，形成品牌。

我们玩移动互联网＋微商，玩钢丝经济，我们针对的目标，营销的终点不是在卖产品，而是在经营自己的人品，品牌化以后就是"自明星"。

一个客户只要认可你的人品和你的生活方式，和这个相关的所有东西他都会找你买。你给他推荐的东西他都乐意接受。这是钢丝经济最根本的东西，产品和钢丝都是你人品靠谱之后的产物。

你的人品不靠谱，你的产品也不会靠谱。这样的情况下你不可能积累起钢丝，你不可能做得起这种后端的营销，只能是在前面赚短期的利润。我们要做长期有积累性的东西，三年之后也许微信会被其他更好用的 APP 替换掉了，但你所积累起来的人品连接能力依然是你的核心竞争力。所以你必须做一个善良的人，而且善良的人会有前所未有的巨大回报，不管是精神的还是物质的。

微商有"人品担保"的特点，把你的人品品牌化，形成自己的个人品牌，就是"自明星"了，这是一个超级符号，让新人跳过漫长的信任培育期直接成交，从而加速赚钱机器的运转。

谁说你不能成为自明星

做自明星，过去你要成为范冰冰这样的明星容易吗？这绝对是特殊案例。我们不需要跟范冰冰比国际影响力，只需要在 1000 个钢丝的客户里打造起你自明星的影响力和话语权。有没有工具？有！微博微信，目前最好的工具已经放在这里。

这意味着我们每个人都可以做成自明星。明星不再是一个高大上的东西，也就是说以后你可能随便往街上扔个酒瓶都能砸到 N 个明星，这种明星就是在自己小众圈子里的自明星。

我们来打造自明星，打造品牌的目的是不是为了实现影响力的传播和产品的销售？怎样才能同步实现影响力传播和产品销售？客户买的是什么？我们要把这个问题搞清楚。

产品只是表面上价值传递的工具，不是客户心里面真正想要的。如果一个客户用了你的东西，接触了你，他的生活产生了一些变化，他为什么想要这个变化？是不是因为他的痛苦，他有他想解决但解决不了的问题？还有一个最根本的原因，每个人都渴望变成一个他自己更加认可的身份。

你今天的皮肤很白，可能你还想再白里透红一点；你今天个子高，可能还想变得壮实一点；你今天很有钱，可能你还想再有趣一点；你今天很有趣，可能你还想再活得潇洒一点，更有钱一点。是吧？这是人性里最根深蒂固的东西，人人都想变成别人，这是他痛苦的根源。

如果你对自己已经非常满意了，就好像很多心灵课程里面讲的一样，接受自己活在当下，那你就没有痛苦了，你自然不会想去变化。所以说客户想要变化的前提是他有痛苦，但是他接触了你之后还加深了痛苦，或者跟他原来一模一样没有变化，那他会不会持续跟你发生关系？不会吧。

这种变化是什么变化呢？每一个人心里都有一个梦想。所以说客户真正买的是什么？是从他的痛苦到他的梦想之间能够一步一步靠近的一个变化的结果。

如果你的产品或者跟你接触没有办法达成心愿，那他自然不会来买。比如说面膜，客户买面膜想改变什么？变漂亮，变自信。如果是用了之后跟原来一样，你没有解决他的痛苦，他自然不会再来。

我们刚提到说客户的梦想，梦想还是有一点点缥缈的词，梦想的核心究竟是什么？

梦想的核心本质是一种自我实现。这种自我实现我们再换一种词来表达，是一种身份的变化。什么叫自我实现？你成了一个与众不同的有能量有担当的、有钱有闲有料的人，这是一种身份的变化。

客户买你的产品，是想要实现身份的变化，就是从他的痛苦到他梦想中的人、梦想中的身份一步一步越来越贴近，这是客户真正想要变化的结果。你要实现销售，你要打造自己的影响力。你不需要推销，他就认定你，就是要找你买。你只有一条路走，怎么走？

就是让他深刻地感觉到跟你在一起能够产生他想要的这种变化的结果，身份变化的结果。不知道大家有没有看过《侣行》这个节目，是讲夫妻俩卖了全部家产旅

游全球。夫妻两个人，男的长得不帅，女的长得也不靓。

但是他们为什么有那么大的关注度？因为在这个年代，绝大部分人都不满自己现在的生活状况，是不是？比如说你每天在钢筋林立的城市里上班，或者在乡下每天种地，你甘心吗？不甘心。但是像《侣行》这两夫妻他们之前是不是这样？是。他们现在在干吗？把家产全部卖了，两夫妻相依为命到全世界去旅行，这是不是在实现无数人心中的梦想？

他们代表的是什么？从一成不变沉闷的生活到想玩就玩自由潇洒还赚钱的生活。他们如何赚钱？梅赛德斯—奔驰给他们做赞助。

无数人想做，但是做不到。要成为对方梦想的化身，这是做自明星的秘诀。你只有成为他梦想的化身，他才能感觉跟着你可以实现我们刚才所说的从痛苦到他梦想的变化。

我们怎样才能成为粉丝梦想的化身

有三个问题很重要：第一，你的客户是谁？第二，客户的梦想是什么？第三，他有什么痛点需要解决？分析完这三个问题后，你才能明确你创造的自明星要成为什么样的化身，你才能清晰地为粉丝们描绘蓝图，怎么做才能像你一样蜕变成梦中的样子。

假设你的客户是家庭主妇、白富美的妈妈，她们的梦想是什么？是希望能够通过一些事情体现自我的价值，而不单单是在家里围着老公或者围着孩子转的一个花瓶，这是她们的梦想。

怎样成为她们的化身呢？可能是通过微商跟我们一起来，我可以教你。因为我本身就和你一样是小孩的妈妈，但是我通过微商，我一个月能赚几万块钱。所以在家里面我老公很尊重我，孩子觉得妈妈很能干，我自己也很开心。我不会整天追着老公查他的微信，不会监控他有没有婚外情。因为我很确信自己的价值，如果像我这么聪明美丽、顾家又能赚钱的女人他都不珍惜，那是他的损失。所以客户的梦想很重要。

创造自明星的"九字真言"

移动互联网时代，是以个人品牌的影响力为中心来做裂变的。咱们要打造这种

个人品牌应该怎么走？我们可以用"自明星、真专家、全媒体"九个字来概括，这就是我们所说的"自明星九字真言"。

要打造个人品牌，首先这个人应该有两种身份，一个是明星，另一个是专家。作为明星，你具有影响力；作为专家，你拥有话语权。因为我们是自己打造自己，所以这个叫作自明星。但是目前各种各样的"砖家"是不是很多？因此我们特意加了一个字叫作真专家。千万别做"砖家"，否则你明星的影响力越大，搬起石头来砸自己的脚会砸得越痛，你付出的代价会越大。

为什么需要这两种身份？如果单单是明星，打个比方，今天范冰冰来跟你讲如何打造企业自动化的营销流程，你听不听？场子肯定会挤爆，都是"我爱你"、"我想和你合个影"，合完影就走了。但是，如果是马云来跟你讲如何打造企业自动化的营销流程，你会听谁的，只能选一个？我想更多的情况下是你先跟范冰冰合个影，然后跑去马云那边听，是不是？

范冰冰有影响力，但是在如何打造企业自动化营销流程上她没有话语权。马云是不是明星？是吧。还拥有专家身份。但是我们同样来互换一下，就是如何从一个普通的女孩蜕变成国际级巨星，同样由范冰冰和马云来讲，你会听谁的？范冰冰。

因为不同的行业，话语权就变了。所以自明星具有影响力，但是单单的影响力不够，我们还得具备话语权，所以真专家就非常重要。

自明星真专家，把你的影响力和话语权确定了之后，第三步全媒体，就是大范围大规模地播传你自明星和真专家的形象，进一步扩大你的影响力。

创造自明星的五部曲

1. 描绘蓝图

蓝图代表你的目标群体梦想。你想要做的生意越大，你描述的蓝图越要对更多人产生吸引力。比如说"玩赚"两个字，玩着赚钱的生活方式，你对一百个人说，如果有九十个人觉得好玩有兴趣，这就是我们要的。

想象一下，你躺在沙滩上，海浪一波一波上来亲吻着你的脚，你点一点手机，钱就哗啦啦进来了。另一种，你每天都在钢筋水泥里奔忙，很苦地听着客户的抱怨，

接个单还要被别人骂一天，你觉得哪一种对你有吸引力？

第二种方式是绝大部分人目前的生活，这是他目前的痛苦。蓝图一定要能够清晰描绘出一种他渴望的憧憬的情景。

2. 给出路线图

有了蓝图，你还得告诉他怎么达成。路线图简单明了地告诉他如何能达到这个梦想，第一步怎么做，第二步怎么做，第三步怎么做，第四步怎么做。最好能画出几何形状，才能给人深刻的印象，比如"玩赚微商导图""微商兵法""微商心法"，能让人一目了然。

3. 凸显个性

个性就是我们所说的个人品牌的定位。鲜明的个性，才能被人家记住。为什么有些电影电视剧很受欢迎？因为里面都有个性鲜明的角色，比如说像电影里面的超人、蜘蛛侠、钢铁侠。

咱们中国《士兵突击》里面的许三多，他的个性是什么？"傻"。如果你没有个性，别人没办法记住你。你要打造你的自明星，打造你的个人品牌，个性是一个非常重要的东西。

你的个性可以是策划出来的，和你真实的个性可能有些区别。比如说你本来是一个很闷的人，你用这种很闷的性格展现出去对别人不会有吸引力。

一定要清晰地描绘出你的个性，你的个性里面一定要含有优点缺点，还要犯贱。你对自己的自我认知越高，你的价值感越强，你越愿意去贬低自己来抬高别人。

怎么犯贱大家知道吗？就是自恋自嘲，黑一下自己。比如自嘲说像我这个水桶腰现在都可以变成游泳圈了，我多怀念过去六块小腹肌，可惜现在只剩一块大腹肌了，我平时都是吸着腹的。

缺点，指的是一些无关痛痒的缺点，而不能是影响你专业度的缺点。比如说你今天是一个皮肤护理专家，你说自己犯了一个很大的错误，把一个中性皮肤诊断成了油性皮肤，给他配了完全错误的配方，结果让他的皮肤出现了大面积溃烂，你要好好检讨。那你这个缺点就变成缺陷，成了真正致命的缺点了，客户都怕了你，这

生意就做不下去了。

4. 用故事进入潜意识

除了个性之外，我们还需要什么？比如你要说许三多傻怎么说？就说有一个叫许三多的家伙很有个性很傻，你说一百遍，别人也不会产生共鸣，对不对？所以你要干吗？讲个故事。像《天下无贼》里面的傻根大家都记得吧，怎么体现傻根很傻？别人把他钱给骗了，他还相信这个人是好人，还把剩下的钱全给他。所以，我们得有故事作为载体，带着你的个性和魅力进入粉丝大脑的潜意识。

故事有哪三种原型？

（1）丑小鸭型

就是我过去像丑小鸭一样一败涂地，后来经过自己的努力拼搏变成了白天鹅。比如像落魄的张无忌被推下了悬崖，再出来就是个绝顶高手，还有很多女孩子喜欢，山鸡一下子变凤凰。

（2）超人型

超人就是我有超能力（某方面很厉害），但是我不愿意轻易示人。因为我不是那么装的人，我本来只想过平静的生活，但是你们这群人天天逼我，我没办法只好露两招，结果没想到一露就来了一大批粉丝。

（3）阴谋论

比较常见的有一种是正邪对抗，有一群无恶不作的坏蛋在玩弄阴谋。你们今天之所以痛苦，之所以迷茫不是你的错，是因为那些人在误导你，在干扰你。他们隐藏着巨大的阴谋，唯恐天下不乱。

我今天看不惯他们那种卑劣行径，所以我要把他们龌龊的背后黑幕全部揭发出来，告诉大家什么才是正确的。我和你们是一伙的，我们一起来干掉这个大坏蛋，让他的阴谋流产。

阴谋论的故事，先揭行业黑幕，然后再推出自己是好人，现在要揭发他们的黑幕，带领大家查明真相，不再上当受骗。为了让你们明白这些黑幕，自己是冒着被这帮坏蛋报复的危险说了这些话，所以我和你们是站在一起的。

你想想看，《变形金刚》《越狱》等无数殿堂级大片，是不是都能从上面三种原

型里找到对应的部分？

5．发布代表作

除了故事之外，你还得有一个你自己的集大成的东西，我们称之为代表作。代表作可以包含你的个性和故事。代表作传播得越广，你的故事传颂得越广，对你的个性认识越鲜明，你的影响力会越大。

很多人出书了，出书是不是你的一个代表作？这本书也是我们"玩赚微商"团队的经验总结。假如你卖面膜，说你不该买面膜的十大理由，全部列下来，说得都很有道理。当然，你还有五大理由作为每一个女人一生当中都该每天坚持敷面膜，同时把你的个性、故事合起来形成一个代表作。

代表作是传播的标准模板。因为单纯是故事，别人说出去了之后，我说的和你说的肯定会走样，会不一样。所以你今天把它形成一个视频或者一本书，或者是一个 PDF，它就变成了一个标本的模板。你把它传播出去，传播一万人都是一模一样的信息，所以标准化的代表作就是自动化裂变的工具。

自明星背后的心法

打造自明星最重要的心法，不是经营你的过去，你的过去已经死掉，你没办法改变。是经营你的未来，经营别人对你未来的预期。

过去你可能没有个性，没料、没趣、没钱，你不能拿过去的样子来经营，你过去的样子不能成为自明星。你要成为自明星必须经营你的未来。别人对你认不认可，你对他有没有吸引力，取决于他对你的预期。

比如，你制定一个计划，把中国最牛的前一百强的上市公司董事长全部拜访一遍，你说把跟他们采访聊天的秘密心得全部分享给客户，客户只需要赞助五百元钱，会不会有人愿意？会。

为什么别人愿意赞助你五百？因为对你未来的预期。如果你说今天我就是个屌丝要去跟他谈，别人会赞助你五百吗？别人只会觉得你这个人疯了。所以说我们要学会经营别人对你未来的预期。

打造自明星的捷径

打造自明星有条捷径就是你自己今天已经够牛了，再找一个更牛的人说你牛，别人都知道说你牛的人很牛就够了。比如像今天马云、牛根生、史玉柱这一群的大佬一起在讨论一个人叫"鸟人KK"，你会不会对这个人感兴趣？你会不会想通过一切手段去找一找这个人究竟干了什么事能让这些大佬都对他那么关注。能够做到这一点的话，你瞬间就成了明星，不需要经过上面五个步骤那么漫长。

简单来讲，就是首先你自己要牛逼，别人也说你很牛逼，说你牛逼的人也要很牛逼。这些牛逼人物，就是"超级符号"。如何借助超级符号？下面会讲。

如何打造"真专家"

真专家才有话语权。现在消费者听商家的还是听专家的？专家。你到医院去看病，医生给你写一个药方拿去开药，你会不会问他可不可以给我打个折？不会。为什么？因为他是专家。

你拥有专家的话语权，才会真正从根本上屏蔽到比价、讲价的可能，要不你会永远陷入和别人对比的恶性循环中。凭什么这瓶水你要卖10块钱，而他只卖2块钱？所以拥有话语权才能拥有议价能力。议价能力不是产品带来的，选择好的产品会有好的基础，但是根本上的议价能力是专家的话语权决定的。

第一步，要搞清楚你的目标用户是谁

明确目标用户是谁，这是我们一切的出发点，因为这样你才能说他们想要听的话。我们说真正的战略是看清你的战场在哪里，你连你的目标用户是谁都搞不清楚，他们的脑子里在想什么搞不清楚，那你的战场就搞错了。

第二步，影响目标用户的购买标准

我们买东西的时候，脑袋里面有没有这种判断流程？就是你判断一个东西值不值得买，好还是坏，一个人值不值得信任，你要不要跟他交往是不是都有一套判断标准？这种标准每个人不一样，所以在你不知道他的标准的情况下或者没有统一他的标准的情况下，你上去就跟他讲你的东西，他会接受吗？不会。

他会用他的标准来套，比如说我有三个标准，你符合我就买，你不符合我就不买。

所以咱们在卖产品、做销售之前应以真专家的形象影响他的标准，让他的标准与我们的标准一致。以后别人再给他销售的时候，他就会用你教过的标准去判断。

比如像玛咖，如何选择好的玛咖，这是想要购买玛咖的顾客会想的问题。有的商家就宣传某成分含量越高越好；有的宣传国外进口的好；有的宣传颜色的区别，黑玛咖比白玛咖好；有的宣传有健字号的比没健字号的好。各种标准不一样，任何一个消费者都会有一套想法，我应该怎么样选择适合我的东西。

这个标准如果我们不能改，比如说他认为进口的好，你拿一个国产的去，你没有办法撼动他，所以他不会购买。这个时候我们怎样改变他的购买标准呢？就要作为真专家的我们核心琢磨了。

我们要确定的第一点，玛咖好不好跟什么有关？我们一切营销问题的答案都在客户的大脑里，从客户的角度去思考。

玛咖好不好，任何人说了都不算，是你自己得有体验感，就是你吃了能感觉到有效果，这是客户想要的。商家说某某产品好，他敢不敢让你体验？体验完产品，感觉到没有效果，敢不敢退款？真正好的产品，他敢把决策权放在你的手里，因为他对自己的产品足够自信，经得起你的检验。

问题就来了，怎么样保证体验感？原料重要吗？原料当然很重要。原料有好的有差的，有五千有五百。这个原料要好，要生长在海拔 3500 米以上的高山，种子必须得用正规种子公司进口的，而不是第二代第三代繁育的产生过基因转变的种子。

除了原料之外还有加工工艺。同样好的玛咖原料，加工工艺不同，效果也不同。比如说一般的加工工艺是晒干和晾干，这种方式会让玛咖的有效活性成分衰减。好的加工工艺应该是航空航天的冻干技术，能够保存 98% 以上的活性有效成分。

除了有效活性成分的保留，产品的吸收率也很重要。吃进肚子的东西，你没有消化吸收就白费了。吸收效率重要，那什么能影响吸收效率？就是能不能破壁（加工的一道工序），让里面的营养释放出来。

这样购买标准就出来了：

一、保证效果有体验感，无效退款；

二、原材料生长在 3500 米以上的高原地区；

三、采用冻干工艺；

四、采用超微破壁技术。

如果客户接受了你的购买标准，这个时候再问进口的好还是国产的好？我不管你是进口的还是国产的，只要能符合这个标准就好。

自动裂变的开关是什么

引发自动裂变的开关是什么？我们称之为"全媒体"。把粉丝接触到的所有东西都变成你的媒体，帮你去做宣传。比如你的包装，你的产品、物流、客服、创业故事等，你所有一切和用户连接的节点，都必须按照媒体的标准去思考——用户接触到以后，会不会产生一种忍不住想告诉别人的欲望？这样，你就又顺理成章地把用户变成了你的媒体，他忍不住要分享的时候，口碑裂变就被引爆了。另外除了微信这个播传工具外，还有 QQ 空间、微博、门户新闻、百度等。

全媒体源头内容的产生是依赖自明星和真专家两块产生的内容。

全媒体一定要从用户场景出发来思考。比如像设计包装的时候，别人的包装过年过节都是搞红色，你的包装也搞红色会不会被忽略。想一想，过年的时候，全天下都是红的，你的东西往那一摆又是红的，摆在货架上一点都不突出，人家怎么可能看得见？如果你变成蓝的是不是很显眼？所以说，一定要学会与众不同。

有个鲜花公司叫小丑鲜花，你在他那里买花，他的送货员就会装扮成小丑去送花，然后再给你表演个魔术，逗你开心一笑。你想象一下，比如你正在公司上班，有个小丑来送花了，是不是一下子整个公司都沸腾了？大家会拿出手机拍照录像——然后呢？当然是发微信微博啦。小丑鲜花不用求你帮他宣传，你自然而然就做了口碑裂变的事情。这就是一个把快递变成媒体的案例。

我们"玩赚微商"团队被称为"中国第一个用玛莎拉蒂送货的微商团队"，你只要是在深圳的客户，购买金额达到 1000 元以上，我们就用玛莎拉蒂给你送货。这个车很少，比较稀奇，所以很多用户都会要求合影，然后呢？自然而然也会晒到他自己的朋友圈啦！我们也不会求着用户给宣传一下，是他们自发地做口碑了。

还有海底捞，本来只是个火锅店，但你在吃火锅的时候会有很多节目，比如表演川剧变脸，Cosplay（注：角色扮演）大熊猫等，一出来就敲锣打鼓，一大群还在吃饭的人就会停下筷子纷纷掏出手机围过去一顿狂拍。然后，当然了，还是你主动

晒到朋友圈，给海底捞打软广告啦。不好意思，海底捞也没求着你做宣传，对不对？

你也可以买小丑鲜花、去海底捞吃火锅，现场体验一下，向别人学习如何玩赚"全媒体"。类似的例子还有很多很多。我们做微商，其实是做连接，产品只是连接的工具，人品才是连接的节点。关键是必须用全媒体的思维来规划，如何把每一个和用户接触的连接节点都变成能够主动裂变的媒介。

第六章　做爆品战略

爆品，就是把极少数 SKU（注：产品统一编号的简称）做到极致，令用户尖叫的同时还带来良好经济回报的产品。根据我们在微商行业中操盘的经验，"人品"和"爆品"这两样就基本决定了微商成败。人品需要个人品牌定位加以呈现，爆品就跟选品有莫大关系了，能否选中好卖的产品当然不能凭感觉，要根据严格的标准来挑选。

挑选黄金爆品的八大标准

（1）必须是良心产品。良心与否怎么判断？很简单，就是这个产品你自己爱不爱用，你敢不敢拿给自己最亲的人用。如果都通过，良心测试就通过了。

（2）产品差异化很容易打造，品牌区分度很高。

（3）产品溢价能力很强，意味着价格敏感度低而且不能比价。

（4）产品属于快消品而且回头率很高。

（5）产品体验感强，就是使用前后会有比较明显的不同。这样客户反馈容易大量搜集，用作朋友圈的真实更新素材。

（6）必须要超高价，高毛利，高客单价。低价产品虽然能卖但很难有利润，一年到头都是白忙活，只有厂家赚钱。

（7）物流方便且售后简单。

（8）供应链稳定、流畅，至少不会三天两头断货。

如果一个产品能够达到以上八大标准，这个产品就可以大力耕耘。当然了，是否符合标准不是光靠逻辑判断，更重要的是"测试"，是骡子是马拉出来遛遛，一条一条比对，经历实战测试之后你会发现有些貌似符合的金矿产品其实是个陷阱。

看完八大标准，很多人脑海会浮现出 2014 年席卷朋友圈的面膜党，只要往脸上一贴立马就嫩滑 Q 弹了，客户见证特别容易做，找些模特拍几张照片就 OK 了。

玛咖项目也是一样，首先经过我们自己亲身验证，选择了品质最好的茂眈活草堂玛咖精片。然后测试了一个月的时间，发现用户吃了之后，半小时左右抗疲劳的效果就能够见效，半个月改善失眠的效果也见效，很多饱受失眠折磨的朋友吃了活草堂玛咖精片之后晚上的睡眠质量会有非常好的改善，很多用户都主动发来反馈，给我们报喜。所以，玩赚微商团队花了一个月亲身验证产品效果，并实战测试一个月，直到 2014 年 11 月初，才正式立项操作玛咖项目，目前最高日销售额已经突破 50 万。但这不是最重要的，最重要的是我们积累了十几万高端精准粉丝，并且有互动连接，这才是无价之宝。

做过传统电商的都知道，在淘宝、天猫、京东上面开店，都是平台的客户，我们自己很难积累到客户。我们现在要做的就是打造自己的鱼塘，积累自己的钢丝，这是每个微商都必须追求的战略重点。

快就是慢，慢就是快。对于微商新手，我建议你宁愿多花些时间在前期筹备上，慢慢来比较快。

解决用户痛点

用户需求是产品核心，产品对需求的体现程度就是企业被生态所需要的程度，这是企业生存的基础。

但现实中常犯两个严重错误：要么以自我为中心，无视客户需求，自以为是强加给客户；要么反应迟钝，跟不上用户心跳的节奏。所有的偏差，都是因为没有以用户为中心来思考。

用户的核心需求是什么？如果是你，在现实的痛苦和梦想的快乐之间，你会首

先选择逃避痛苦还是追求快乐？

大量研究表明，人类逃避痛苦的动力要比追求快乐强大。所以做爆品必须找到用户痛点并解决它。如果想知道抓痛点有多么重要，你只要抽空到医院重症病房去逛几圈就会一清二楚了。

抓痛点、做爆品有三条法则：首先要把你自己变成超级用户，要想抓到用户的痛点就必须处于用户的立场思考。其次必须要让用户参与产品的决策。最后，抓痛点最大的敌人，就是进入自我中心模式，认为自己什么都是对的，用户太低端了不懂得欣赏你的艺术品。

抓痛点，必须定义场景，就是用户在什么场景下会怎么使用你的产品。

而且用户想的跟你想的真不一样。有个餐厅想将麻辣小龙虾推成一款爆品外卖，做了用户调研后发现用户吃龙虾最大的痛点是"不干净"，所以他们找了最干净的龙虾，并在宣传中反复强调他们的龙虾最干净卫生。

经营一段时间后，发现用户拿到小龙虾外卖，放在办公桌上开始剥皮，戴的塑料手套很容易破，而且很容易搞脏手指桌子等。于是他们发现用户最大的痛点不是"不干净"，而是"剥皮很麻烦，会搞脏桌子"，于是他们开始推出预先剥好皮的麻辣小龙虾外卖。还有人卖核桃也参考了这个想法，把核桃先破壳剥皮，再用真空无菌包装，赢得了不错的用户口碑。

在腾讯内部，马化腾有个"10/100/1000 法则"：产品经理每月须做 10 个用户调查，关注 100 个用户博客，收集反馈 1000 个用户体验。这个方法看起来有些笨，却很管用。让用户参与到产品决策过程中来，把他们的痛点全部吐槽给开发人员，再由工程师想办法解决。

小步快跑，边错边改

马化腾说："我相信，在互联网时代，谁也不比谁傻多 5 秒钟。你的对手会很快醒过来，很快赶上来，甚至会比你做得更好，你的安全边界随时有可能被他们突破。"是的，谁也不会比谁傻多 5 秒钟。一击出去，并不就是定局。平衡随时会被打破。想不被打破，你就要自己去打破。自己不破，就必然要被别人破。

所以"自杀重生，他杀淘汰"。我的建议是"小步快跑，边错边改，快速迭

代"。快速迭代的核心，就是素朴极简，不断归根复命，就是"现金奶牛"挤奶的时候，关注和栽培那些颠覆性因子。

说起来容易，真正做起来却是很困难的事——本来还在盈利，何必自己找死？手 Q 好好的，却还要搞个微信出来左右手互掐，没有大格局真不容易做到。

如果你用过 iPhone 6，再回去 2007 年，用第一代 iPhone 显然跟垃圾差不多，恨不得赶快扔掉。但为了实现单点突破，就要允许不完美，同时必须保持快速迭代向完美逼近，iPhone 的进化，微信的进化都是这样。互联网，重要的是用户参与决策，每天都能发现修正一两个小问题，不到一年产品就打磨出来了。

敢于"自寻死路"，就必须要有一种动态自平衡的宇宙观，一个平衡被打破，马上会开始自我调节，并建立起新的平衡状态，这个点不断突破，就不断有新的平衡，如此循环往复。

如果没有这种"互联网宇宙观"，就会陷入"面面俱到谋布局、尽善尽美求完美"的创新窘境，最终被别人革命。快速实现单点突破，快速迭代优化，是产品在动态自平衡世界中存在发展的根本。

第七章　玩社群战略

你必须知道的"互联网＋"那点事

有谁看过这个段子？

少壮不努力，长大玩手机。
春眠不觉晓，醒来玩手机。
举头望明月，低头玩手机。

商女不知亡国恨，一天到晚玩手机。

夜夜思君不见君，还要埋头玩手机。

亲朋好友如相问，就说我在玩手机。

待到山花烂漫时，我在丛中玩手机。

问君能有几多愁，恰似没完没了玩手机！

从举头看电脑到低头玩手机，短短几年，"低头族"已经俨然成为我国第一大族群。随着智能手机和 4G 网络的快速普及，移动互联网已经无孔不入地渗透到"中国梦"的骨髓里。

如果我们认真分析互联网在中国的发展历史，就会发现在 2005 年的前后是中国 PC 互联网的重大拐点。那年我在深圳打工，省吃俭用存钱，当时我最大的梦想就是年底能买个笔记本电脑。

在 2005 年之前，中国互联网没有成熟的商业模式，只烧钱却不盈利，但 2005 年我国互联网用户达到 1 亿，中国 PC 互联网的拐点出现，现在的三大巨头 BAT（百度、阿里、腾讯）就是从那时起开始光速增长的。

根据"互联网女皇"Mary Meeker 公布的统计数据，全球共有 52 亿移动用户（要知道地球总人口才 70 多亿！）；中国工信部的公开数据显示，截至 2014 年 7 月，中国移动互联网用户数已经达到 8.72 亿，成为世界上手机网民人数最多的国家。毫无疑问，中国将主导未来十年的移动互联网革命。

在刚闭幕不久的 2015 年全国"两会"上，李克强总理作的《政府工作报告》明确提出，政府将制定"互联网＋"行动，这是历年政府工作报告中"互联网＋"首次现身，并被纳入国家经济的顶层设计，推动移动互联网、云计算、大数据、物联网等与现代制造业结合，促进电子商务、工业互联网和互联网金融健康发展，引导互联网企业拓展国际市场。国家已设立 400 亿元新兴产业创业投资引导基金，要整合筹措更多资金，为产业创新加油助力。腾讯马化腾听完很振奋，2015 年应该会是中国移动互联网的重大拐点，上至总理下至草根，当然包括数千万的微商创业者，高度一致地迎来万众创新的高潮。所以未来十年将会是"互联网＋"的天下。

那么问题来了："互联网＋"是什么？

　　腾讯马化腾的观点："互联网加一个传统行业，意味着什么呢？其实是代表了一种（连接）能力，或者是一种外在资源和环境，对这个行业的一种提升。"我们也认为"互联网＋"将成为第三次工业革命的一部分，就像带来第二次工业的电力一样，与各行各业之间并不是替代关系，而是提升关系。每个行业都可以拿来用，改造自己的行业。

　　比如互联网＋通信就是 IM 即时通信，互联网＋零售就是电子商务，互联网＋移动电商就是微商，互联网＋金融就是互联网金融，互联网＋的士就是打车软件。互联网＋私家车就是专车。还可以互联网＋民生、医疗、教育、交通、政务等领域，互联网对传统行业的提升加速度越来越快。

　　马化腾提出"互联网＋"的理念，并且把腾讯在关系链、支付、社交广告等等方面的能力做成基本的零件和工具，作为"武器"开放给广大第三方合作伙伴去改造、提升他们所在的行业，其中当然包括"微商"。

　　根据中国信息经济学会发布的《微信社会经济影响力研究报告》，从 2013 年 7 月至 2014 年 6 月，微信带动直接就业人数 192 万，间接就业人数 815 万，共计 1007 万人。这意味着"微商"群体的人数已经高达千万。

　　与"互联网＋"一并被写入李克强总理的《政府工作报告》的，还有"大众创业、万众创新"等词汇。请问，目前还有比微商更加贴切的名词吗？

　　我们的研究重点当然是"互联网＋移动电商"——微商。就像十年前，电商刚要崛起的时候，马云警告说很多人都陷入了"看不见、看不起、看不懂、跟不上"的死循环里。十年后的今天，用作对微商崛起的警告，依然很适用。

　　勤奋比不过天分，天分比不过大时代。将来毁灭你的人，现在并不在你的名单上，时代才是你真正的对手。同意吗？

　　"互联网＋微商"，大众创业、万众创新的台风来了。

　　你见，或不见，时代就在那里。

　　你跟，或不跟，历史一往无前。

　　连接一切，一切连接，当你与粉丝之间、粉丝与粉丝之间互相连接的时候，社群就来了。产品只是连接的工具，自明星才是连接的节点，而社群就是连接的虫洞。这是连接时代，社群为王！

"互联网＋"的时代源代码你造（知道）吗

温馨提示：这段文字可能有点烧脑，不太容易理解，要把"连接"讲清楚，也是很不容易。如果暂时不懂没关系，时不时拿出来看看就好。

这是关于《超体》和"超连接"。特别感谢颠覆式创新研习社的李善友教授，他对社群和连接的解读，打通了我关于"连接"想得并不通透的地方，让我有了茅塞顿开的灵感。

去年有部很火的电影叫《超体》，我尝试着从"连接"的角度解读一下：

电影中女主角 LUCY，因为意外吸收了大量 CPH4（电影里解释 CHP4 是孕妇产生的微量元素，会帮助胎儿形成骨骼），导致细胞吸收过量的具有再生或创造能力的"仙丹"，刺激到 LUCY 的脑细胞潜能，不断开发到 10%、20%、70% 直到 100%。

于是 LUCY 能随时随地"连接"到宇宙能量，甚至是人类祖先的信息，这种瞬间超级连接能力让她具有了超出常人的能力：包括心灵感应、瞬间吸收知识等特异功能，最终成为无所不在的神。

如果我们也具备这种随时连接的超能力，连接能量、知识、信息等等，哪怕掌握吸收的速度比不上 LUCY，至少也意味着某种"超体"开始显现在你我的肉身之上吧？这想法是不是很荒唐？

但现在我们有了速度超快的第四代移动互联网 4G，于是"互联网＋人""互联网＋物""互联网＋信息"可以随时随地、每时每刻地连接起来，是不是和"超体 LUCY"有那么一点点类似呢？

2006 年诺贝尔和平奖获得者、孟加拉银行家尤努斯说："贫穷不是收入低，而是因为丧失了从社会获得资源的能力。"我觉得其中的关键，首先是丧失了连接资源的能力。以前做事情想成功，你要有资本、有人脉等硬性资源，而现在信息和连接成了越来越重要的软性资源。尤其是你的连接能力，你可以通过六度分隔（注：数学领域猜想）去连接你想要找的人，也可以随时上网获取你想要的知识信息。

在现在"互联网＋"的新时代，一旦失去连接能力，我们将一无所有，因为连接资源是稀缺的，所以迅速精准的连接能力就变成了你唯一真正的核心竞争力，而

不再是你拥有什么东西和什么人脉。

相对于马化腾理工科般的解释，我对"互联网+"有一个比较简单的解读，"+"意味着"连接的能力"，进入互联网+，意味着关注的不是事物本身，而是事物之间的连接。

举个例子。比如美国优步 Uber 是否生产汽车或拥有汽车？其实两样都没有，它只拥有汽车跟乘客之间的连接能力，但其估值已经达到 400 亿美金，超过了大多数汽车公司。再比如中国的阿里，是否拥有工厂、产品库存？其实也没有，它只拥有卖家和买家之间的连接能力。腾讯微信，是否拥有各种人、事物呢？也没有，它只拥有让你随时能够和别的人、事物连接的能力。

"互联网+"时代的底层源代码已经和工业时代不一样了。从工业时代的"拥有""加法"，变成了现在的"连接""指数"。所以，一个公司的核心战略，变成了发掘或建立核心节点，并与之连接，最终让自己成为连接世界的第一节点。看不太明白？

比如小米 MIUI 的工程师只有几百人，用户却达到数千万级别，别人帮你免费打工还成为你连接的节点，帮你做销售，做口碑，做渠道，做产品，做研发……基于连接的商业模式，其发展路径和思维模式与传统企业是完全不一样的。

因此，今天一个企业的核心战略，不再是追求所谓的市场份额，而是要成为人、事物连接的第一节点。你的市场价值，取决于你"瞬时、精准、低成本大规模"的高效连接能力。好消息是，根据马太效应，如果你已经拥有了很多的连接，上帝将送给你更多的连接。

既然连接如此重要，是否每个人可以增加无数的连接呢？

不，虽然美国人很开放，很重视社交，但平均每个美国人只有 4 个密友。即使在 Facebook（脸谱，社交媒体）上，大学生之间密友也不过 6.6 个。这个数据说明什么道理？

说明了"连接本身是稀缺资源"。纵然你有心想要跟更多人建立连接，但是你做不到，《失控》作者（美国 KK）有个"连接守恒定律"——你假如想增加更多的连接数，你的连接强度就会下降。

我们经常用搜索引擎寻找东西，做 SEO 的朋友应该都知道，搜索引擎的算法叫

"网页排名"，假如有很多网页跟你这个网页发生链接，你的网页就很重要，在搜索结果页面就越往前排，80% 的链接指向 20% 的网页，20% 的网站拥有 80% 的流量，有很少的节点占据大量的链接。

在网状连接的世界中，"二八定律"表现得更加明显。大多数普通节点只拥有少数连接，少数枢纽节点拥有大量连接，现在很多人都有自己的个人网站或者博客，基本上都没什么访问量，对吧？

再重复一遍，连接本身是超级稀缺资源。

有一个"马太效应"，就是说你有的还要给你更多，你没有的，连你仅有的也要夺过来。套用在网络连接世界里，就意味着你的连接越多，就会给你更多连接。这才是连接的真相。比如我们去吃饭，如果哪家餐厅排队人多，我们就会认为他家的菜品更好吃，于是我们就跑过去排队了。你自己有这种经历吗？

所以做微商其实就是做连接，你要尽早建立你个人的连接社群。传统人士，不管是电商人还是传统企业老版，很多人还在追求"卖货思维"，或者沉浸在"知名品牌"的 YY（注：不切实际的幻想）中无法自拔，对于微商还处在看不见、看不起的阶段。

趁"传统人士们"还没搞明白"互联网＋"其实就是一个"瞬时、精准、低成本大规模"的连接时代的时候，你先快马加鞭锻炼自己的连接能力，尽快让自己成为连接世界中的强节点。你只要比周围人早半步知道这一点，你想象一下这个先发优势有多大。

做微商，你有多大的连接能力，就连接多少用户吧，产品（爆品）只是连接的工具，自明星（人品）才是连接的节点，社群是连接的虫洞。

勤奋干不过天分，天分干不过大时代。这是"互联网＋"的时代，这是连接的时代。我们必须要用时代的底层源代码去思考，才能抢到时代的大红包——就像当年改革开放下海，建股市买原始股一样。

微商乱纪元的虫洞在哪里

这是一个"我毁灭你，但与你无关"的乱纪元时代。

我们眼睁睁地看着很多企业昨天还牛逼哄哄的，今天突然就挂了——比如诺基

亚，它的末代 CEO 奥利拉说："我们并没有做错什么，但不知为什么，我们输了。"诺基亚连自己怎么死的都没搞清楚，是苹果公司干的吗？好像是，又好像不是，做鬼报仇都找不到对象。

"互联网＋"的乱纪元一来，很多风马牛不相关的行业开始维度攻击、跨界打劫。恒纪元时代，井水不犯河水，清清楚楚的边界规则完全被打乱，你甚至连谁来搞死你、他从哪里来都完全不知道。于是传统企业开始人人自危，也不知道哪天自己说没就没了，还指不定哪个小屁孩居然跨行业跨人群突然之间就把你的用户拐跑了！

这个要你命的"凶手"，99% 的可能性不在你的对手名单上！他根本就不是你现在的竞争对手！就像移动、联通、电信三大家族，大战了十几年，突然发现腾讯才是真正的对手。

还是先补补课吧——科幻小说《三体》中，由于行星围绕三颗恒星运行，故其在季节乃至昼夜上出现不可预测的混沌，毫无规则可言，造成极大的灾难，因此被称为乱纪元。用大白话打比方，明天会有几个太阳？从东边升起还是西边？半夜升起还是十年后升起？甚至根本就不会有太阳？

想象一下，你拼命睁大双眼，却除了黑暗什么都看不见，耳边不时传来同行遇害的惨叫声，你想挣扎却无路可逃，只能坐着等死……这是什么感觉！

对不起，这是乱纪元时代，传统企业专用的恐怖电影，而且愈演愈烈。要么自杀重生，要么他杀灭亡，没有第三条路可走。你还想死死抓住自己那块蛋糕，是绝无可能的了。

出路只有一条：与其被动等死，不如主动找死——像《星际穿越》里的库珀船长一样，拥抱变化主动出击寻找你的虫洞，用"互联网＋"工具创造自己的"二向箔"，然后去抢别人的蛋糕！

那么，互联网＋乱纪元的虫洞究竟在哪里？

阿里巴巴曾鸣说："互联网的本质就是连接！"腾讯马化腾写成了"互联网＋"，然后李克强总理写进了 2015 年的《政府工作报告》，于是互联网连接一切……就变成了"互联网 ＋ 一切"，然后全国上下全都"＋＋＋"起来，好吧，我承认我也跟风了，还是乱纪元台风！

看明白了吗，意思是说"连接就是虫洞"！

我再说明白点，现在要创业必须用底层源代码——连接思维——来思考。连接能力就是当前乱纪元中的虫洞！连接乱纪元有两个虫洞：

大虫洞：你最好"互联网＋"连接并且锁定所有人。如 TABLE 纵队那样，这是大虫洞玩法。

小虫洞：如果做不到大虫洞，你还可以用"互联网＋"连接并且锁定相同属性的某类人群（社群）。比如逻辑思维、辣妈帮等等，这是小虫洞玩法。

如果你以上两个虫洞都做不到，就打地洞坐等被虐，然后洗洗睡吧！如果你能做到任何一条，那么赶紧去虐其他的传统企业，抢它的蛋糕，千万不能手软，否则你会被别人虐残。

具体到做微商，你有多大的连接能力，就连接多少用户吧，产品（爆品）只是连接的工具，自明星（人品）才是连接的节点，而你紧紧连接在一起的社群就是你的虫洞！

在这伟大的"互联网＋"乱纪元时代，我们生逢其时。很多恒纪元旧时代的老大哥"不知道为什么输了"，眼睁睁地看着他毁灭，时代变迁，生死较量，其辉煌其残忍其震撼……我们都将亲身经历，并亲眼见证、甚至亲手创造出更加伟大的新世界。

你真正的对手，是这个时代。错过微商，你不是错过了一次机会，而是错过了这个时代。不玩社群，你不是损失了客户，而是损失了未来。

左手微商，右手社群，才是乱纪元中的虫洞。

第三篇 接地气的实操玩法

第一章 "自明星"的玩法

慢慢来比较快。俗话说磨刀不误砍柴工，真正动手做微商之前，必须先做好准备工作。

首先明确定位，我们说过做朋友圈就是做个人品牌，你还记不记得"自明星，真专家，全媒体"这"九字真言"？首先要做自明星，所以微信账户定位一定不是基于产品，而是自明星的人格魅力！

在进行账户定位之前有一个关键的问题需要考虑，就是到底是团队运作还是个人运作。个人运作相对来说很简单。如果团队运作，一个微信账号的好友上限只有5000人，如何批量复制放大？

第一，如果微商选择直营模式，在定位朋友圈账号的时候要考虑批量生产的问题。每个账户的个人情感东西可以不同，但所有账号的主题必须统一。例如，你的产品是玛咖，那么你定位主题可能就是养生专家。如果你卖的是祛痘产品，那么你定义账户主题就会是祛痘专家。但是每个专家的性格可以是不同的，发布朋友圈的素材除做到产品信息对外传达的统一外，其他的关于"逗逼"也好，"牛逼"也好，表现方式可以不同。如果你是将自己定义为旅行达人，你所发布的朋友圈大部分应该是在路上的各种风土人情。

第二，如果粉丝超过一定的量就需要开通多账户，这也是规避风险的有效方法。将粉丝分布加到不同的账号，而不是等到5000人满的时候再去开另外的号，如果微信被封号，那损失会很严重。

朋友圈装修秘籍

注册好微信账号后，需要对这个账号进行"装修"。"装修"的意思就是说我们

头像怎么定、名字怎么取、签名怎么写、封面怎么做。

一路走来，唯有iPhone相伴

头像

头像要怎么做？

第一，要有高辨识度。什么叫高辨识度？就是一看头像就知道是你。包括你的缩略图头像，在群聊天里面你那个头像缩得那么小，别人一眼瞄过去大概分得出，这个就是玩赚哥，这个就是靠谱哥，这个是谁谁谁，这就是我们说的高辨识度。

第二，内容要清晰。清晰实际上是要为你的高辨识度去服务的，就是让客户通过头像能迅速记住你，在心里留下深刻的印象。

第三，要好看，一定要好看。头像的选材尽量采用一些能够表现你人格魅力的选材，用你的真人照片当然是最直截了当。

昵称

昵称要怎么取？

第一，你的昵称必须有特点和个性。

第二，要好记，过目不忘。

第三，尽量能够跟自己行业密切相关，并且用不同于别人的表达方式呈现出来。这又涉及朋友圈文案策划，我们后面会用案例仔细剖析。

封面

封面就见仁见智了，这里给大家一些参考。封面选材的话给两个字，就是要点题。什么叫点题？刚才分析了，在做这个账号之前你要先理一下你做这个账号的价值是什么，你的卖点又是什么，你接下来要开展一个怎样的生意。你尽量地在封面这个地方把要表现的这些东西做一个点题。

第二章　朋友圈营销的三大绝招

霸占他的时间和空间

霸占他的时间

霸占他的时间就是一天让他跟你见很多次面，要他每一次刷朋友圈就能看到你。什么叫霸占？霸占并非是不停的刷屏。刷屏会很容易惹人反感，过去这种人叫流氓，就是不管怎么样，反正十几分钟一条，全是他产品的广告，这肯定不行。

你要霸占他的朋友圈，要霸占得有艺术，让别人觉得爽。所以你发的内容要有价值，但是要保证有一定的更新频率。一般来讲，绝大部分人的朋友圈都是没超过500人的，他每一次刷的时候都能看见你。你只要发信息，他一定看得见。所以你没必要拼命地、不停地刷刷刷，感觉除了你看不见别人，这个不行。

三个小时左右更新一次就可以了。从早上的六点到七点第一条，为什么？很多人起床的时候会刷一下。如果发的晚了，可能早起的人看不见你，六点到七点是绝大部分人快醒了或者还没醒，这时候你发了，他一开始刷朋友圈就看到你了。

隔三小时之后，九点发一次。为什么九点呢？之前可能还在路上，又或者刚在

半路坐下，在路上的时候会干吗？大家上班、坐公交、坐地铁的时候，有没有看到全是低头族？所以我们要站在对方的角度来思考，怎么样才能让他看见你。

其他的时间比如像十点十一点，可能很多公务事在忙，你发的也没太大作用。到中午吃饭的时候，会边吃饭边刷，所以就是在午饭时间十二点左右发一下。

一天，六七点一次、九点左右一次、十二点左右一次、下午三四点一次、五六点一次、晚上九点到零点之间的晚安消息，一共是 6 条。这样的话，基本上一个星期不到，你很快让他产生一种似曾相识的感觉。尤其是你的头像建议用个人真实的头像，因为是人和人之间的交流，他看到这个头像就觉得认识，看到茶杯的话跟你对不上号。

霸占他的时间就是每几个小时在他眼前晃一下。每天晃了六七次，从消费者心理学来讲，他就认为你是熟人了，对你开始有一点点信任感，哪怕你什么话都没跟他讲。如果你还给他点个赞，回评一下他的东西，可以迅速拉近双方的距离。这是霸占他的时间，你每隔两三个小时霸占他 1～2 分钟。

霸占他的空间

霸占他的空间就是让你能够出现在他看到的很多地方。他的空间有哪些啊，大家可以想一想。他的空间，像家里、办公室、路上、手机都要霸占，要霸占到他的空间上面都有你的信息，单靠微信，很明显是做不到了。

你可以送他办公室小礼品、冰箱贴。送冰箱贴，他在厨房是不是看到你了？想想雕爷牛腩，你结账的时候，你用过的那双筷子，他会洗干净给你带回去，而且还告诉你，这是用上好越南鸡翅木手工雕刻的筷子。

他们的筷子为什么可以给客人免费带走？他在干吗？他是在霸占你的空间，对不对？因为你吃饭的时候，你一拿雕爷牛腩的这个筷子就会想到——啊，雕爷牛腩！是吧？这种单靠微信是做不到的。微信最厉害的地方，不单单是做电商，而是O2O，线上线下联动，这个才是微信将来最大的爆发点。

任何一个线下的门店，只要能倍增客户，把微信结合起来，就非常棒。包括如何霸占他的厨房，如何霸占办公室，比如日历，在保证审美的同时加一点你的元素。

穿透他的朋友圈

什么叫穿透朋友圈？如果不是做微商的正常人，他的朋友圈好友也就 300 ～ 500 人，所以你只要打败这三五百个"竞争对手"，就能脱颖而出，穿透他的朋友圈了。

而你的这些"竞争对手"，大部分人都不懂得"自明星战略"，更不会规划朋友圈内容来塑造自己的个人魅力，很多人都是有一下没一下地发一条，东一句西一句的来一下，偶尔想起什么就发一下，是不是？

你要穿透他的朋友圈，竞争对手就那几百号人，他们有各种生活的压力，工作的烦恼、繁重的心灵等等一堆的问题，绝大部分都是索然无味的。你稍微规划一下自己的文案内容，成为他朋友圈里面那个"有种、有料、有趣"、很特别的一个人（自明星），也就是说在一群黑乌鸦里面做一最出彩的人。

说什么东西会有趣，干什么东西会好玩，给他什么样的信息会让他觉得你有料，这些东西，刚开始时我们一定要经过策划，让他没事的时候会想进入你的朋友圈看一看这家伙又在搞什么名堂，那么你创造自明星的举措就初见成效了。

穿透朋友圈，有两句话特别重要，那就是"软硬皆内容，广告即娱乐"。不管是软件、硬件，还是软广告、硬广告，都要作为有价值点的内容去写，从用户的角度出发，而不是只管自己推销。把广告作为娱乐的方式展现出来，千万不要强硬地强奸用户的朋友圈，否则受伤的只有你自己。反复领会这两句话，会令你受用无穷。

具体的例子，你可以翻看本书后面的实操案例，这里就不展开说了。

卖产品不如卖自己

用户一旦认可了你的 1（人品），就会认可你的 100（N 个产品）。让自己的人格魅力渗透到产品上，用你的人品为产品背书。首先想办法让用户接受并认可你这个人，就像乐乐一样，客户认可她的人品，所以后续只要是她推荐的产品，客户都会毫不犹豫下单。

如果不太理解的话，建议你把本书中关于"自明星"的内容反复多读几遍。

第三章　朋友圈攻心文案怎么写

拿玛咖文案举例

如何写出朋友圈的攻心文案呢？这条玛咖的用户反馈文案，可以借鉴一下：

一个美女的反馈，她之前睡眠一直不好，白天精神差易疲惫，吃了第一天就有感觉了，虽然入睡状态还没有改善，毕竟它不是安眠药嘛，然后这个需要慢慢地调养，睡眠的深度已经改善了，早起了已经不累了，这个就是玛咖前期的感觉，美女你要坚持一段时间之后，体验感会更强。

这种表达方式，既有客户认可产品有效的内容，也说了产品不是立马见效的安眠药，说明靠谱哥比较务实，不会夸大宣传，是这样就该这样，对不对？

如果你的产品还需要招商代理，除了晒个人生活、产品、客户反馈、销量外，我们还要晒代理商，比如晒一下我们的代理商做到什么成绩，我们的代理商有多少，我们的代理商他们怎么做。有些人觉得这个产品好就自己吃，然后一定要分享给朋友，最后决定做代理，当成事业来发展，这个认可度就非常高。

当然这一切必须晒真实的情况。来看一下这条文案：

马上要改代理制度了，产品马上要提价，今天收了这一批的最后一个代理，以后的代理都要按新规则去走，没及时行动的不好意思了。

这里有几个信息在里面：第一个说明我们的制度在不断地完善。第二个说明我

们不断地有代理在进入我们的这个体系，我们的代理是很紧俏的，你如果不立刻行动，说不定下一次就没有这个机会了。

再看这条文案：

最近好多顾客和代理都在疯狂地入货，很聪明，厂家花重金在这个产品上面当然是效果会比较明显，马上要涨价了，靠谱哥也没有办法控制，这个也不能让厂家一直不赚钱，那有朋友会问，为什么你们家的产品会那么好？我就会说，当然我们一片顶别人的六片……

老客户在疯狂入货，同时代理也在疯狂地入货。怎么证明？用文案加图的方式来证明。像这一类型的文案是很有力量的，这个力量是在于，如果是一个准客户，他打算购买之前，首先会判断这个产品有没有效果，会想既然都有这么多人去代理这个产品了，就证明这个产品应该还是有效的。

另一方面也会触动他，那么多人都在做，看来做微商卖这个产品还能赚到钱。我要不先自己尝试一下，觉得真好了我也做代理吧！传递给他的就是这么两个信息。

未来的微商模式，不可能靠一个人就能够把整个市场给吃掉，肯定需要有自己的团队，包括直营的员工和代理商。除了打造自明星的个人品牌吸引用户和代理之外，能不能给到代理商对团队和产品的信心，这可是相当相当关键的。

就这样修炼文字功底

这一段节选自《文字赢天下》创始人、玩赚微商特约文案顾问——黄山老师（Email：158799560@qq.com）的分享：

大家知道吗？文字对你的人生有非常大的影响。接下来大家会说，我应该怎么样去修炼我的文字呢？为了节省大家的时间，我现在将最重要的四个修炼阶段分享给大家。

这四个阶段说起来也很容易。

第一个阶段叫："写起来"

第二个阶段叫："想起来"

第三个阶段叫："热起来"

第四个阶段叫："合起来"

文字的修炼要做这四个阶段的事情。每一个阶段我都跟你分享它的要点，以及它的陷阱。要点就是你要如何做到、核心是什么。陷阱，就是说你只要犯了这样的错误，这个阶段就泡汤了。

第一个阶段——"写起来"

不管好与不好，你先动手来写，这叫写起来。为什么要强调这个？因为太多人有期待心理，他们认为只有高人才配谈写作，自己写得不好。其实，这种心态刚好是最大的敌人。

原因是，要不要写是一回事，好与不好是另一回事。我们做微商，我们处在一个色彩浓烈的商业社会，我们都需要传播，都需具备商业驱动力，因此，我们都需要"写"，跟写得好与不好没有关系。

其次是养成习惯。习惯就是把你要发的每一条短信、每一条微信，都要当成一次写作的机会。

提醒你，你写起来的时候也要注意陷阱。有两个陷阱，第一个是自己贬低自己，意思是不要说自己不是写东西的料。第二个不要总是指望别人。

第二个阶段——"想起来"

这个"想"其实质是指策划、思考。这个阶段的要点是：B点（目标）倒推思维。做任何的事情都要想清楚，你要去的B点是什么？然后倒数第二步是什么？倒数第三步是什么？所有普通人做事的方法都是从A点开始往前走，然后再到他要去的地方。

而所有伟大的人几乎都是先想好了我要去哪里，然后再想倒数第二步是什么、第三步是什么、第四步又是什么，最后，才看到现在所在的是一个什么样的位置。

写文案也是这样。这个B点你先想清楚，再想倒数第二步你要写什么，倒数第三步你要做什么。

伟大和平庸，就是在这里拉开的。

同时，"想起来"这个阶段，最大的陷阱就是先战而后胜，意思就是：不管结果，先干了再说。千万不要这样，我们应该先设计，再实施。与之相反，孙子兵法告诉我们，"胜兵先胜而后求战"。

第三个阶段——"热起来"

怎样"热"起来呢？就是要懂得去渲染。也就是说，有些人看了你的文字，他并没有第一次就直接跟你成交、给你打款。但你要持续不断使你和对方之间升温，一直到有一天能够达到 B 点。

热起来的功力在于渲染。比如说，第一天我在你微信的朋友圈里看到一篇文章，这个标题写得很搞笑，有点意思，可打开一看，内容平庸，这就表示你还没有热起来。那该怎样去渲染呢？重点说一下这个，因为这个很关键。

在完整的《文字赢天下》商业文案训练当中，所有的学员（会员）都懂得了一点：功夫在功夫之外。人是价值的动物。之所以能热起来，就是因为你在持续不断地给对方提供价值。

举个例子，你之所以连讲话都能够让别人倾耳来听，就是因为你的话语能给别人贡献价值。而贡献价值的根源来源于两个字：自信！自信，又来源于你对自己创造力的认可。没有创造力，就很难给别人创造价值，尤其是独一无二的价值。

在这个阶段最大的忌讳就是沿街叫卖。也就是说，不懂得持续贡献价值，只是硬性的推销。这是这个阶段最大的陷阱。

最后一个阶段——"合起来"

"合"是合作的意思，如果你不能和别人合作，只是靠你自己单枪匹马，你的写作牛不到哪里去。

谈到文字的力量，很多人压根没有想到，这跟合作又有什么关系。他们认为"写"只是个人能力的范畴。但移动互联时代的写作更多的是在考验一个人的合作能力。

你如果有一天能够让一群人形成一个以你自己为中心的系统，这件事就变得不简单了，这需要智慧，这叫"合"起来。通过合作，整合了产品、渠道，特别在文案领域，整合了创意，预测了市场反应、倍增了市场空间。

我们人生这一辈子，最大的成就在于真正环绕你的哥们、兄弟、你的铁杆儿粉丝，他们有多大的能量。咱们要时时刻刻想着，怎样能让比你强二十倍的人来跟你

合作。

　　合起来这个阶段的陷阱就是四个字：自卑＋自负。很多人认为自卑和自负是完全不一样的。其实自卑和自负是一枚硬币的正反两面，那些非常自负的人通常也是那些非常自卑的人。很自卑的人通常都表现得很自负。

　　记住人之本性是喜欢跟成功的人在一起。你要让你周围的人知道你是成功的人。每一个相信自己身上有独一无二创造力的人，通常都能尊重并识别别人身上的独一无二的创造力。这样的人才既不会自卑也不会自负。

到哪里找朋友圈素材

　　经营朋友圈，需要长期发布动态更新的文案，所以搜集"有种有料有趣"的素材就显得格外重要。

　　第一，生活中养成随手拍照的好习惯。吃喝玩乐，拍晒！拍晒！拍晒！但一定要有美感的图片才能晒，微商"用美颜相机那是对观众的负责"。如果你拍不出来有审美的照片，那就找人帮忙拍。

　　第二，最有说服力的素材一定是"反馈见证"，用户说我人品好、产品好，所以获取用户反馈的图也是收集素材的最重要环节。例如我们的玛咖，客服和购买过的客户几乎都成了朋友，甚至以自己的聊天信息或者反馈图上了朋友圈而有荣誉感。

　　第三，公众账号是内容来源最宝贵的途径。我建议大家关注30个行业，当然不可能每个行业都关注，最好能够关注自己这个行业本身相关联的十几个或者说有重叠交叉的一些公众账号，总数来个四五十。目的是什么？就是要从别人内容里面去学习、去收藏，形成你自己的内容。

　　尤其是地域公众号一定要关注，因为一般的地域公众号运营者会非常花心思地把当地的一些东西提炼好。动态也好、搞笑的也好，什么东西都好，他们的内容已经很花心思了，你完全就可以参考和借鉴，形成自己的素材库。

　　第四，多关注一些好的微博。什么叫好的微博呢？打开新浪微博，草根微博排行榜前100的都关注。看现在互联网上流行什么语言，流行什么事件，流行什么样的表达方式，像"Duang、壁咚、高大上、不明觉厉"等等网络流行语，在你和客

户聊天或者发布朋友圈的时候，这些东西就能随手拈来，显得你很逗，很潮，这也是网络人类的一大特点。

如何写出吸睛的文案标题

好的标题能把内容的打开度至少提升 4 倍，标题就是广告的广告，所以我们在写一个文案的时候要把 80% 的精力花在哪里？标题。特别在朋友圈，有些时候文字会被折叠，前面的那一句话就非常重要。

比如说写一个"微信朋友圈营销一个月的心得"和"微信朋友圈一个月成交 65 万的实操笔记"，你觉得哪个点开率会高？

所以尽可能地带着具体的数字去写，人天生对数据敏感，最好用阿拉伯数字，用中文数字大脑还要转化一下，但是阿拉伯数字可以直接刺激大脑。

再比如"破解婴儿奶粉喂养的 10 大谣言"，"谣言"包含着恐惧心理，如果妈妈看到这个标题，她会不会点开看看？她肯定会担心自己犯了什么错误，影响到孩子的健康发育，是不是这样？

在撰写标题的时候，最关键的就是把企业或者是我们自己想说的话变成粉丝想看的话。比如刚才的标题"破解婴儿奶粉喂养的 10 大谣言"，如果是奶粉企业，你会怎么讲？你会不会直接讲"我这个新配方奶粉具有十大功能"，是吧？但是那不是妈妈们想看的内容。

所以我们要站在用户的场景当中思考，把用户关心的内容要点呈现出来。聊用户感兴趣的内容，而不是讲我们自己想说的话。想要抓住用户的眼球，就尽量多用含有紧迫感、独特感和画面感的词语。

紧迫感，迫在眉睫地要强调数据、时间，还有立刻、马上、赶快，"买满 699 元马上得会员卡，8 月 1 号最后一天"，这是不是有紧迫感？而且好处马上就能拿到手。

独特感，结合到独特感创造一些名词、传递新信息。比如乱纪元、二向箔、互联网＋等等新词。

让用户在脑海中浮现出具体的画面。一种是你的文字本身极具画面感，让用户不由自主地产生画面。另一种是说话留一半，给用户脑补的空间。你把话说一半，

用户会按照自己的设想把这个情景补充完整。

人性本身不完美，但是人性有一个特点，因为不完美所以渴望完美，会把想要的东西都想得很完美。比如说你想女神一定是非常飘逸很仙女很完美的样子。但是你知道吗，她也会抠鼻屎剪腿毛，只是你宁肯相信这个女神永远不会有缺点，这就是画出来的、脑补出来的完美形象。

三种杀手级的文案标题

其实朋友圈文字一般不多，完全可以当标题来写。我们总结出故事型、诱惑型、恐吓型三种写法，算是杀手级标题，能够第一时间调动起大家的阅读兴趣。

（1）故事型标题举例，比如"还有谁想知道一个一穷二白的屌丝如何在 14 个月从零做到 3000 万的营业额，而且没有投广告费"，这就是一个故事型的标题，就是包含了一个很简短的故事。

（2）诱惑型标题，比如"iPhone4S 使用的 10 大秘诀（别人都不告诉你）"。这就运用了好处来诱惑他点击，因为他知道里面能学到有用的知识。如果还晒了仓库发货爆仓的照片，图片可以理解成一个标题的话，发货的照片暗示着卖得很火，很多人在抢着买，你要不要也买一个？这就是在暗示和诱惑。

（3）恐吓型标题，上面提到的"婴儿奶粉喂养的 10 大谣言"，一看就吓你一跳。再比如说"做错这两件事，你会让孩子后悔一生"，这样作为孩子的父母他会不会去看？因为你吓到他了。

朋友圈的文字不宜多，否则没人有耐心看完，因此朋友圈文案也适合采用标题的写法——微博就更不用说了，只有 140 个字，就是长标题而已。

第四章　不互动，无成交

互动才有成交

点赞

点赞是最低成本的一种互动方式，点赞可以满足人的消费心理。为什么要发朋友圈啊，目的是什么？不就是图你给我点的赞嘛。那就满足你，当你点赞点多了，他对你的好感就多了。

当然点赞也有技巧。

（1）不要别人一更新就立马点赞，这好像是机器人在点赞，没有诚意。当然如果有些帖子真的可以秒赞，那就秒赞吧。

（2）往死里点赞。只要在朋友圈发出来的动态都可以点赞，为什么？如果不想让别人知道，他为什么要发朋友圈啊？发出来的目的就是晒，晒的目的就是让朋友点赞，就这么简单。所以，我们就往死里点赞，满足他小小的虚荣心。

当然有一些情况会比较忌讳，比如亲人生重病或者去世了，就不要点赞啦，改为评论留言安慰一下。除了这种动态，其他基本上都可以点赞，往死里点，能点多少点多少。

（3）给新朋友回赞。如果有新人咨询了却没购买意向，就随手给他赞一下封面就OK了，先不要跑去他朋友圈一堆赞，否则他会猜疑是不是有什么企图。如果已经表达了意向想购买的朋友，就放心大胆地跑到他朋友圈点赞吧。

这个动作就是告诉用户，我很关注你，你的每个内容我都看了，我要充分了解你的情况，以便给你做好个性化的服务。用户会觉得我还是蛮负责的，起码用心了

解了他的情况。这种感觉就非常非常好。

评论

为什么要评论？评论的意义是要告诉你的客户、你的朋友：我认真地看过你的内容了。跟点赞不一样，点赞是你没有办法证实。但是评论的话，你能够评论这条内容，代表什么呀？起码你看过了所有的内容你才有你的观点，对不对？

你在疯狂点赞的时候，一定要注意你评论的比例。不能只点赞，变成点赞党。我大概是点 15 个赞，就要评论 1 条，用这种比例去均衡我所有的点赞，表明我有认真看内容。但是这 15∶1 里面，很可能没有办法覆盖到每一个人。所以我们做点赞跟评论的时候就要大致地规划。

大致的一个比例，因为评论需要你付出时间、成本，还有你的一些创意成本去做的一个行为，你没有办法像点赞一样大批量地评论。因为我们做微商里面还有很多的工作，这部分不能耽搁我们太多的时间。

例如遇到一个人，我今天有没有对他评论过？感觉到没有，那我可能今天要对他做一个评论。如果今天好像有评论过了，那就不评论了。

有时候你评论了，反着来评论比你正向评论会更有力量。例如我钱包丢了，那一般人的态度会表达一下关心，对不对？下次要注意一点，对吧，怎么不小心呀！但是如果是我的话，怎么办？我就说，恭喜你，该死，下次注意一点。这种效果要比前面那种效果更好。他对你的印象自然非常深刻，说不定他还回应你两句。如果他回复了，那互动就来了。我们的性格也就鲜明了，这种不代表我们没有礼貌，是表达我们的真性情，这种真性情很可能就能够更容易地树立你的人格魅力。

评论还有另外一个功能，利用评论去做内容补充信息。这个很关键，为什么呢？长文字也好、转发也好，现在新版本的微信文字是会被折叠的，缺点是一些比较关键性的信息很可能就被隐藏起来了，需要点开才能看得到。所以有时候我们就利用评论去做内容的置顶，补充内容的置顶。

临门一脚玩活动

经过一段时间的互动，双方有感觉了。可能用户还在犹豫要不要购买，缺少临

门一脚的动力，促使他做出决定。所以，我们要借助做活动的方式激发他的购买欲。

做微商一定要学会创造活动来玩。哪怕就在你朋友圈定时做秒杀也可以。找个脑筋急转弯发出来，前 3 个答对的有礼品。你完全可以自己创造出很多活动。

做活动的好处是什么？第一，你有内容可写。第二，和粉丝有互动。第三，刺激消费。第四，顺便给自己打广告。

我们会时不时玩个小活动，因为人都想占便宜嘛，对不对？那我们完全可以把握这种心理去刺激消费。中秋节我们发了一个朋友圈说：

"今天中秋节做个临时促销活动。从今晚 8 点到 12 点，朋友圈所有人下单，一律享受会员优惠价，只有 4 个小时。当然靠谱哥说一不二，一旦超时绝对没有优惠，一分钟也不行，不信你就试试看。"

做活动一定要实时动态播报。活动结束后再总结回顾一下，顺便晒个单，告诉别人，你买或不买，我的订单都如潮水一样汹涌。你看这么多人都参加了，你不参加是你的损失。目的就是这样。结果当天的销量是平常的两倍多！

肥鱼👕靠谱哥

疯狂的一天！！源源不断的客户，源源不断的美食。还有晚上两个分别要了4套玛咖的土豪朋友。要睡了，今天不再收单！中秋优惠到此结束，明天恢复原价。猜猜今天卖了多少套？猜中明天有奖！！！

这是当天活动结束后更新的动态，再配上大芒果的照片。毕竟过中秋节嘛，除了做生意之外，我还有个人生活对不对？而且我的生活也是有滋有味的，把生活跟生意结合到一块。做微商要记得，生活永远大于生意，你一定要展现自己生活的细节，尤其是高大上有品位的细节。

文案这么写的："疯狂的一天！！源源不断的客户，源源不断的美食。还有晚上两个分别要了4套玛咖的土豪朋友。要睡了，今天不再收单！中秋优惠到此结束，明天恢复原价。猜猜今天卖了多少套？猜中明天有奖！！！"

一定要记得无互动不成交啊！所以写文案一定要留下互动的机会，让粉丝跟你唠嗑。例如："猜猜今天卖多少套？猜中明天有奖！！！"

你看，做活动当天还有很多人来加靠谱哥的微信号。这批新人是怎么来的？就是之前的老客户买了我们的产品觉得还可以，但是他缺乏告知身边朋友的动力。中秋节活动就激发了他的转介绍，你赶紧加他，过了今天就没这个优惠了。于是就会有很多老顾客给我介绍新朋友。

实际上，如果你是个有原则的微商，说没有优惠就没有优惠，现在突然天上掉馅饼了，别人会把这个好消息告诉他朋友的。

OK，到这里中秋活动就结束了吗？当然没有完！做活动是非常好的文案来源，所以我们还必须对活动盛况做复盘，刺激一下那些没参加活动的"老顽固"们。

活动复盘

肥鱼👕靠谱哥

😂中秋优惠只有昨天有。 靠谱哥说1就1。不过，有一位朋友例外了。参与4.20救灾的一位兵哥哥，肥鱼不赚你钱，吃好身体，保国安民。💪💪💪 兵哥哥很帅喔，有要照片的么？？

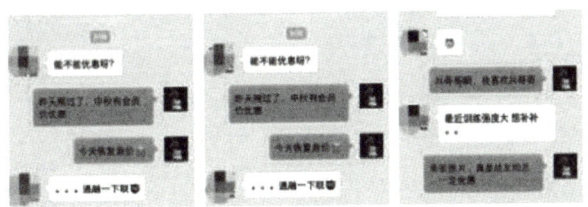

请看第二天的文案：

"中秋优惠只有昨天有。靠谱哥说一就一。不过，有一位朋友例外了。参与4·

20 救灾的一位兵哥哥，肥鱼不赚你钱，吃好身体，保国安民。兵哥哥很帅哦，有要照片的么？？"

用什么证明你的原则性？当然是聊天截屏啦，这是最有力的证据。这种跟你的客户真真实实的对话内容，就是最有利的证据。例如有个朋友说，我昨晚没有看到，能不能再给个优惠价通融一下？对于不讲原则的微商，是不是完全可以悄悄卖给他多赚一点钱，对不对？

所以我附上了几张聊天截图，是超过优惠期限后才找过来的客户，说没看到靠谱哥的动态，想继续用会员价购买。当然被靠谱哥断然拒绝了。这种客户有两种选择：要么等着下一次优惠；要么认可你这种做事风格，没有优惠我照样买单。有很多错过的朋友，最终还是原价购买了。这就是"说一不二"人品的力量。

这个文案和配图既展现了靠谱哥说一不二的原则性，又体现了有人情味的一面，还顺带提出了粉丝互动的话题，对不对？

总体来说，做活动有利于刺激消费，但这倒是其次，后面才是重点。

第一，每做一次活动都是增加互动的大好机会。例如上面的例子，在活动流程中我们开放了好几个节点，让粉丝一起参与进来，说出他们的想法和建议，一来二去大家的信任感就增强了。

第二，做活动能够很真实地展现出自己的性格特点，有利于打造自明星效应。只要你把握好原则，把你做事的风格和人格力量展现给潜在粉丝看，并赢得他们的认可。对我们打造自明星品牌非常有好处。

做微商说到底还是要在朋友圈中树立个人品牌，而不是要达到多少业绩。当我们自明星效应形成以后，业绩就是水到渠成的事了。

红包接龙游戏

把你的钢丝拉进一个群里，然后你发一个红包，抢到最多的人继续按规定金额发红包，这样循环下去，是不是很刺激？我玩过 888 元的红包接龙，玩了一整天，结果运气太好，老是抢到最大的红包，就必须按要求继续发 888 元的红包给别人抢，一天下来亏了 1 万多，不说了，说多了都是泪啊！但是通过发红包，把群里的氛围搞活跃了。

如何规避微信群发的陷阱

刷屏党一般都是群发促销信息，结果发一次就被很多人拉黑，暴力扰民肯定杀无赦！这是很多微商做群发的陷阱，掉进去了自己都不知道。我们怎么做群发呢？首先，我的建议是利用群发消息作为互动的开始而不要搞推销。

举个例子，前面讲的中秋活动到晚上 12 点结束，在 11 点半左右，我把所有有购买意向的朋友挑选出来，利用群发助手单独群发。

群发的内容是这样写的：

"友情提醒你一下，我马上要睡觉了，今天有个小消息，只有今天才有的促销价，你要买赶紧！"

这是针对已经表达过购买意向却还没成交的粉丝发送的内容。千万不要眉毛胡子一把抓——不管谁都群发一样的内容——那样是自寻死路。平时群发，想要吸引别人跟你互动，该怎么办呢？

虽然玩群发，也不要让别人觉得你是在群发。例如大家经常收到"大家新年好"这种短信，有意思吗？没有任何的诚意，等着在黑名单永垂不朽吧！

举个例子——"你最近朋友圈发的比较少，是不是很忙啊"，为什么要群发这条内容？这条内容看起来像群发吗？当然也顺便表达了一下你很关注他的朋友圈，让他感觉到你这家伙天天忙着接单发货还能想起我来了？于是就回复给你了，这样互动就开始了。

再来个例子——"上次说给你发红包忘记了"，如果你收到这样一条微信，你会不会回复"没有啊，你是不是发错？"，碰到逗逼的就回"对呀对呀，赶紧给我发红包"，差不多就是这两种回复，双方的互动开始了，我们就要进入成交的环节了。

如果粉丝回复"你是不是发错了"，我直接就说"对对对，发错了，刚才那个客户不是你。他买我们的 XXX 元的产品，参加了我们的活动，我们给他返了一个红包，正要发给他"，那么这个粉丝可能就对返红包有兴趣了——你之前做的活动都没有返红包的呀，怎么这次有返红包，返多少？然后你告诉他这次返 100（假设如此）。

这时候他可能突然就会来劲——怎么这次有这样的活动？你们的话题是不是就

能够展开了？但不一定非要成交。你可以设计成有成交的，也可以设计成无成交的。只要你们有互动，有来往，就已经够了。

但是如果你能既互动又成交，那当然最好不过了。针对之前就有兴趣想买，这次又刚好碰上返红包，那我就买一套试试吧！像上面这种客户完全有可能遇到，对不对？

再来个群发——"我每天最高兴的事情就是摇摇，看哪个好友是我今天的贵人，今天摇到了你，我们要不要坐下来好好聊天一下，我保证不泡你"。

这种文案你可以有选择性地发给女粉丝。特别是之前互动过，中间又断掉了，你用这种文案去激活她，她很快就又嗨起来了。于是你们又可以聊人生，聊梦想，聊东聊西，互动就这么来的。

另外，频繁群发也是个陷阱。其实每个月两次就足够了，不用多。你是不是经常收到什么心灵鸡汤，收几次你就把对方拉黑了？表面是关心，实际是"信骚扰"，很招人嫌。这是群发的陷阱，规避的方法已经说了。

互动聊天的小技巧

别人在跟你聊天的过程中，他的愉悦感会直接决定你的成交率有多大。

第一个观点，做微商肯定是人品大于产品，要先交朋友后交易。做电商是带有购买需求去驱动的，而微商不一定，很多时候还是带有很多感情色彩在里面。他是觉得你这个人靠谱了，他认同你再认同你的产品。当然也可能是先认同你的产品，但是他要等着认同你的人品才能成交。

第二个观点，聊天其实是一种非常有艺术的行为。口才其实是来源于你平常生活的积累。你想有这方面的表达能力，就要处处留心学习。积累多了，你就能够把它信手拈来变成你自己的东西。

互联网有种"逗逼"精神，这种逗逼精神配合了很多幽默的成分，有些调侃，好玩。这些互联网文化元素对聊天互动非常关键。尽可能多用各种呆贱萌的表情，会让你的聊天更加幽默风趣。有些人聊天会用特别多的表情，而你却没有，有没有这种情况？有时候一个对的表情比你说一万句话都管用，同意吗？这个其实很简单，一点就通，你自己多积累就好。

如果一个人的自定义表情特别多，说明他对互联网文化相当认同，十有八九也是个"逗逼"。这种人天生就有做微商的特质，而且你要成交他们相对容易，当然，他们成交别人也会有天赋，因为他够开放，乐于接受新事物交新朋友。

如果你想用互联网文化快速拉近你跟粉丝之间的距离，怎么做？

第一，我们尽量用逗逼的网络语言，避免生硬的对话。第二，如果是男生客户，我们要跟这些朋友做"基友"；如果是女性，我们要跟她们做"情人"。用这种感觉去跟他们发生关系，保持连接。具体怎么做，后面会有详细案例，可以叫"逗逼成交法"，哈哈！

微信怎么做客户分类

微信，首先是客户关系管理工具，其次才是销售工具。粉丝加了微信好友以后，从陌生人到朋友再到钢丝，都可以用微信潜移默化地影响他。

首先要熟悉微信的标签功能，对好友做简单的分类管理。标签都是自己写的，比如新朋友、意向客户、钢丝、代理、扯淡、妈妈、白富美等等，自己随意分类。如果是公司化管理，就要按照公司的规定给好友贴标签。

另外，还可以修改备注名称快速识别。主要管理重要人物。这么做有三个好处：第一，搜索联系人，直接用名称是最优先的，会直接先搜索这部分人。第二，如果有聊天，在名字上直接就知道他是哪种客户，不需要深入查看，会节省很多时间。第三，方便群发，只需要搜索备注名，就能找到对应的人，然后再针对性群发就可以了。

这是用微信做客户分类管理的小技巧，可以大大提高微商的工作效率。你也赶快试试看吧。

第四篇　微商案例

第一章　揭秘千万级微商如何炼成

一个小白如何月销 20 万

产品	茂昵玛咖	粉丝	1933 人	销量	400 多套
时间	2014 年 9 月	顾客	220 人	销售额	20＋万

我们测试账户花了两万块钱引流，才得 1933 人，算起来好像很贵。但是你想一下，当天客户成交率是 10% 左右，剩余的 90% 加了微信没成交，我们可以持续用朋友圈文案去影响他，直到购买成交，最重要回头率达到 30% 以上，说明产品本身的黏性不错，加上用微信留客做服务和转化，活草堂玛咖精片有很大的市场潜力可挖。团队讨论决定，继续深入放大测试！

玛咖！玛咖！

玛咖，也叫玛卡，原产于南美洲秘鲁安第斯山脉海拔 3000～5000 米的高寒山区，秘鲁已有 5800 多年食用历史，被奉为"秘鲁国宝"。玛咖含有 50 多种营养成分，包括多种植物蛋白、氨基酸、多糖、不饱和脂肪酸，还有芥子油苷、生物碱、植物甾醇、玛咖烯和玛咖酰胺等重要生物活性物质，对于平衡荷尔蒙、调节内分泌有显著功效。

玛咖已经被联合国粮农组织（FAO）、美国食品和药物管理局（FDA）、美国太空署（NASA）、国际登山组织（UIAA）等多个重要机构推荐食用。2011 年中国卫生部批准玛咖作为"新资源食品"，主要种植区域为云南丽江、香格里拉等高海拔地区。

我们做了这些准备

目标用户筛选

活草堂玛咖有很多的功效：1. 抗疲劳；2. 补肾壮阳；3. 增强性功能；4. 增强免疫力；5. 提高睡眠质量；6. 抗更年期；7. 增强记忆；8. 调整内分泌。

了解完产品功效之后，就要分析目标人群，以及痛点扫描。不管你做任何产品，这个步骤都必不可少。我们目前做的这个产品的目标群体是什么？玛咖有一大堆的功效，其中有些功效没办法被用户明显感知到。比如说提高免疫力就很难被明确感知到，所以比较难推广。因此我们特意挑选出几个可以被用户感知到的功效，并做好目标用户群体的画像。

第一个我们挑选了抗疲劳。针对工作压力大，整天没精打采，好像又没什么病的亚健康人群。比如中高层管理人员、企业白领，特别是 IT 一族，包括软硬件工程师、电商微商圈人士。在现代都市，这种人群是不是非常庞大？

第二个失眠多梦，白天没精神晚上睡不着的失眠群体。

第三个就是两性关系不和谐，尤其受手机电脑辐射的人群，夫妻生活会有很多尴尬的问题。

超级零风险承诺

为了提升成交率，我们首先调整了产品包装，不再单独按瓶卖，改为买一套再赠送一瓶。并附上了超级零风险承诺：用户先吃一瓶，如果他感觉对身体没有改善，把剩下的一套退回来，我们全额退款。

如此调整之后，成交率大幅提升，原来很多犹豫不决担心上当受骗的人都放心购买了。最差的结果，就是他免费吃了一瓶却感觉不到改善，然后我们全额退款给他，没有蒙受任何经济损失。很多人都说我们傻，万一碰到钻空子的家伙，岂不亏大了？呵呵，还记得《关于打造自明星的人格魅力，你可以吹的五个牛逼》吗？其中最后一个就是"傻逼"，敢于让用户占你便宜，通过试吃赠品让用户能够先体验产品是否有帮助。

当然，敢做出业界破天荒的"超级零风险"，意味着你的产品质量必须过硬，否则只是自寻死路。如果有可能，在你开始做微商之前，我们也建议你认真考虑"成交主张"和"超级零风险承诺"该如何设计。

引流策略

做流量几种：第一种是免费流量，也是大家做得比较多的；免费流量很大，但比较难做到精准，转化周期长。第二种就是付费流量。付费流量可以通过投放渠道、文案的筛选，吸引到相对比较精准的粉丝，但价格越来越贵。

一开始测试，我们两种流量都做，免费地通过贴吧软文分类信息等网站吸粉。付费的就花钱打广告，内测期间一共花费不到两万元，吸引了 1000 多个粉丝，转化出 220 位顾客，产出 20 多万。

第二章　创造玛咖自明星

自明星的个人品牌定位

我们打造的自明星形象叫靠谱哥。为什么叫靠谱哥？这是借用了超级符号的力量——超级符号是传递价值和信任的快捷方式——靠谱这个词语作为超级符号，简单直接地把我们想要的信息传达出来：靠谱哥不靠谱还有谁靠谱？

在交流的过程中，用户每喊一次靠谱哥，心里都会强化一次"这个家伙很靠谱"的潜意识。久而久之，信赖感就自然而然产生了。起名字也是个智力活动啊！

但只是"靠谱哥"三个字的说服力还不够。我们需要策划很多的场景和内容，去丰满他的个性，让他更有血有肉有感情，才能确立起靠谱哥的个人品牌形象。

靠谱哥形象又增加了两个内容：第一，我们要塑造他是负责任的好父亲，一般

来说当爹的男人比毛头小子靠谱，同意吗？第二，我们塑造他是一个有原则、充满正能量同时又有点逗逼的微商卖家。

OK，靠谱哥的自明星和个人品牌定位确定，那么从他的朋友圈装修上，就要开始有所体现。细节决定成败啊！我们先看靠谱哥的朋友圈封面，如下图：

云南茂眬活草堂玛咖总代。逗逼不扰民微商，卖点好的很有必要。

靠谱哥封面怎么设计

虽然封面可选的图片非常多，但是一般我会选择直接跟产品相关的图片，开诚布公地告诉别人靠谱哥做什么产品。这个广告其实也不硬，图片本身也有一定的美感。我建议封面尽可能跟你的产品挂钩。

选什么头像

这个图像是一个小宝宝，胖胖嘟嘟，拿着一个和宝宝的头一样大的大勺子吃饭。

这样一张略显夸张的动作片，传达出什么信息？

第一，她确实是我的干女儿，不是假的。我用干女儿去塑造这样的形象。父亲的味道是不是出来了？孩子、父亲这两个符号有着天然的亲切关系。

第二个，其实这种表情有些夸张，又有小孩子那种率性跟天真。我想要表达我是一个有点儿逗逼精神的人，从选择图像这点你就能感觉出来。因为如果我没有逗逼精神，我可能整一个个人形象照片，或者卡通的东西。

个性签名怎么写

靠谱哥的个性签名是："云南茂晚活草堂玛咖总代。逗逼不扰民微商，卖点好的很有必要。"我直接把我做微商的事情说出来，但是我不同于别的微商，我有两个特点。第一个是逗逼。逗逼就是幽默，有互联网精神，我不是一个死板的人，我是很乐活的一个人。第二个我是不扰民微商。我潜意识告诉人家不扰民，现在微商最让人郁闷的事情是骚扰，别的微商刷屏，我表明不刷屏不扰民，客户就有点儿好奇。

最后把我们的靠谱特性展现出来，"卖点好的很有必要"，实际上这句话是审改自比较流行的话语，是一种逗逼精神。然后也表达你好像有点儿有才的一面，同时也跟我们要表达的观点挂钩。卖点好的，我卖的东西就是好的，我很靠谱，我有信誉，要传递的就是这个信息。

OK，以上是靠谱哥自明星定位背后的逻辑。但是里面有这么多的内涵、特点、个性需要逐步塑造，单纯用文字很难完全表达出来。所以需要设计很多内容，不断突出这些特点，通过日积月累、碎片化的影响，慢慢把靠谱哥整个自明星的形象丰满起来。

我们的朋友圈点赞多

以上解决了基本的吸粉问题。当你新加了一个微信好友，通常你会怎么做？是不是会快速浏览对方的封面、名字、签名，然后再顺便看看对方朋友圈最近的几条动态更新？为什么这么做呢，因为好奇——人性是共通的。

所以当一个新粉丝关注了靠谱哥的账号，他也会做上面的动作。那么我们要用

什么影响他呢？当然是朋友圈文案啦！这些新增的粉丝，不管有没有意向购买都没有关系，针对这些新增粉丝，我们怎么用碎片化的信息持续影响他，让他不断地接受我们的信息，然后成为我们的钢丝级用户，这才是关键。

朋友圈基本内容怎么去晒才能表现出靠谱哥的人格魅力？我们先回忆一下定位，靠谱哥的自明星定位是什么？

靠谱哥一是一个负责任的好父亲，二是有原则但是又逗逼的卖家，三是实操型的微商教练，四是中国唯一用玛莎拉蒂送货的微商团队领头人。这个内容怎么去做呢？我们就分四个方面去表达。

第一，我们要晒我们的生活品质，通过晒生活细节去表达出来。

第二，我们要晒实力，让别人感觉到这个人好牛逼，这个人有观点，这个人能够做很多的事情。产生什么感觉？崇拜感。

第三，我们要晒圈子，目的在于让人感觉到他是一个牛人，同时他身边还有很多牛人。要给人传递一个信号"我跟着他混，我也可以变得很牛。"

第四，我要晒逗逼本色，只有前面的高大上不行，还要接地气，让粉丝在你身上找到存在感。

所以，靠谱哥的逼格、牛逼的本质、逗逼的本色、傻逼的善良，都通过装逼的艺术晒出来。既能开百万级玛莎拉蒂豪车，又能吃路边大排档，身边牛人一堆，还能跟你勾肩搭背玩"暧昧"，对干女儿娇宠万分，这么一个有血有肉有感情的自明星就越来越丰满了。

晒出来的自明星

晒生活

第一个晒生活，怎么晒呢？来看一下我的做法。如果有关注我靠谱哥微信账号的朋友都会发现，我时不时会把我干女儿以及我跟干女儿生活的细节呈现到我朋友圈。

这么做的目的是什么？

第一，展现我真真实实存在。

肥鱼👕靠谱哥

小豆比，好想进去你的世界，看看你到底在想些什么

肥鱼👕靠谱哥

每天最快乐的事情，除了陪你们这帮逗逼聊天之外，就是睡前和她跳二十遍小苹果。还好我有玛咖😂

第二，我们刚才说定位我是负责任的好父亲。父亲首先得有孩子，有孩子你得展现出来。

第三，怎样体现你是负责任的，不能单纯靠一条文案。比如说每周星期天，我肯定会固定发一条带我宝贝去玩的，满足她一切要求，帮她做任何事情的朋友圈消息。目的是一方面表现我的生活；另一方面，表达之前定位的一个特点，是一个负责任的好父亲。

看一下我是怎么写的，其中的一条：

"每天最快乐的事情，除了陪你们这帮逗逼聊天之外，就是睡前和她跳二十遍小苹果。还好我有玛咖。"

"你们这帮逗逼"是谁？是靠谱哥的客户、粉丝。这里有心态上的差别——过去我们做电商的时候习惯把客户当爷服侍，卖家像奴隶一样各种求。但是现在靠谱哥做微商，他的心态跟用户是平等的，不再把用户当上帝，而是彼此亲密的朋友。所以他才会用"你们这帮逗逼"来称呼用户，我们大家都是逗逼，所以微商跟粉丝

是平等的朋友关系。

同时把个性表达出来，"你们这帮逗逼"代表靠谱哥跟你们是开得起玩笑的，我是有那种逗逼精神的。除了陪你们这帮逗逼聊天之外，就是睡前陪干女儿跳20遍《小苹果》。

结尾顺便把我们的产品搭一搭。想一想我们玛咖的功效是抗疲劳，提高精力，最后来一句"还好我有玛咖"。这句话植入不是很软，但是我们要把这种感觉做出来。明白吗？一条文案，你要把写的东西都融入进去，其实是不容易的。但是你只要坚持每天用这种思维去做文案，你就会有收获。

关于生活部分，我干女儿还是要持续曝光。目的是让人感觉到我的生活里面时时刻刻都有这个小精灵在。侧面去反映，我是一个负责任的父亲，我是一个很爱孩子的父亲，我去哪里都带着她玩。

下面的这条晒生活的文案，表达的还有其他更深层的意思，来看一下。

"今天带小天使参加朋友婚宴～～自助下单～～话说，你们那边红包封多大??我给新郎送了一套玛咖"

 **肥鱼 👕 靠谱哥**

今天带小天使参加朋友婚宴~~ 自助下单
~~ 话说，你们那边红包封多大？？ 我
给新郎送了一套玛咖😂

"你们那边红包封多大?"这句话目的是为了和粉丝互动。

"我给新郎送了一套玛咖"，这个时候大家想一下，看到的粉丝有什么感觉？

第一，参加婚宴代表我的社交能力不差，至少经常出现在这种社交的场合。

第二，婚宴的场面虽然不是那么奢华，却也有点档次。拍照要尽量拍出美感来（不好意思，我的拍照技术让你们失望了），让人感觉到他去参加朋友的婚宴的场面能这么牛，背后这个人肯定也不差。生活品位、生活质量，各种高大上的脑补就出来了。

第三，最后这个红包是一个话题，我在抛一个话题，来跟粉丝互动一下。当时的结果，就是我这边发出去以后，几十条评论就上来了。第一类人就说封多少钱；第二类人就说祝新娘幸福之类的；还有靠谱哥出手还蛮大方之类的；还有说靠谱哥，你还这么有创意。各种评论、各种观点，就会通过文案带出来。晒生活的同时，把很多隐含的信息（你不方便直接炫耀的）顺便晒出来。

晒实力

只是晒生活不够，表达不出我个人能干什么事情、能做到什么高度，我还要把平常做的一些结果也告知别人。当然这里面我们留点悬念，不要把全部东西都说出来，让客户产生好奇心，这才是关键。

肥鱼👕靠谱哥
引流测试成功！！！明天开始发力！！！
代理们有福了。

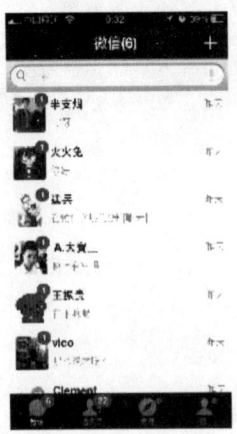

就说这个文案"引流测试成功！！！明天开始发力！！！代理们有福了"，引流就是吸粉的意思，然后上一个截图，我吸粉了多少人，告诉你我是一个微商教练，而且我还是有料的实战派微商教练。

吸粉测试是我做微商教练经常要做的事情，我就把做这件事情的结果用图片的方式给大家做呈现。试想一下，是客户可能没有太大的感觉，但是做微商的人看到这个东西会不会有感觉？当然感觉这个人很牛，我要跟他学。就算不跟他干，也会去留言问你是怎么干的。你引起了别人的好奇，互动就来了。当然回到文案上面，这个文案主要的功效在实力，让别人知道你有实力、能干这些事情。

晒实力除了结果之外，还可以晒你对某一些东西比较特色的、独特的见解。如果你这种见解能够得到别人的认可，你的实力会显得更高。比如说你对微商的一些见解，这些见解起码是你原创的，就算核心观点不是你原创的，这些文字的表达方式也得你自己去写，明白吗？

肥鱼 👕靠谱哥

什么是微商时代？就是人人既是消费者，又是商家。可能目前你还不能理解或者接受，但是这已经是趋势。这个模式的发展，得益于移动互联网、社会化营销的爆炸式增长，线下生活圈能在手机上复制并活跃起来。随着微商时代的到来，试想一下，如果有一个产品，你朋友用完之后觉得不错，你会选择在超市听促销员的，还是在朋友那里买，价格可能还比超市便宜。😁

下面这一段就是靠谱哥会时不时晒一下，他对微商行业的观察分析——什么人会关心整个行业？马云要关心整个电商生态系统，作为行业领袖才会关心整个行业。这也是表达实力的一种委婉方式，明白吗？

为什么要树立微商教练的形象？就是为了接下来吸引新人加入我们，跟着我们一起把这个事业做大。澄清一下，如果我们做微商，每个人都只是直接做销售，你的能力增长很快就会遇到天花板。所以为了把微商做大，你必须要组建团队，不管是招聘人才还是吸纳代理，人家凭什么听你的？你有实力是不是很关键？

实力就像内裤，穿着很重要，但不能见人就晒出你的内裤，不能随便向人炫耀说你看我的内裤多么牛逼。所以我们一方面要借助超级符号，给人一种实力的暗示，另一方面也要用碎片化的方式持续不断地影响你的粉丝，让他注意到你的实力不可小觑。

再晒一下，我时不时会去讲课。我就把我讲课实录的情况作为当天的内容发布出来。比如说，"我回来了，各位铁粉，各位代理，这几天怠慢了。闭关了几天，是给小伙伴们上课去了"。

肥鱼👕靠谱哥
我回来了，各位铁粉，各位代理，这几天怠慢了。😂闭关了几天，是给小伙伴们上课去了。 朋友圈营销十大案例解构，鱼塘理论的妙用，加粉的10种渠道以及技术，吸粉的20个钓鱼策略以及文案案例，朋友圈互动攻略。靠谱哥只讲干货，小伙伴们多喝水多消化😄

我朋友圈的粉丝、客户，还有一些在观望或者想加入我们的人，是不是瞬间感觉我的逼格提高了？一般能上台讲课的人，是不是都比较牛逼？靠谱哥还能讲课，所以也是比较牛逼的。那是不是也可以跟着他学如何做微商？我们有很多代理商，都是从粉丝客户中转化出来的，更有甚者，直接跑来我们公司应聘员工，一定要加入我们公司。想起之前做电商把客户当爷伺候，再想想现在，我也是醉了。

下面再把我们这些讲课的内容包装成让人好奇的，让客户发问，而不是我们直接表达。比如说我们有"朋友圈营销十大案例解构"、"加粉的 10 种渠道以及技术"。如果有人想了解，他会评论留言，这样就有互动啦。互动开始以后，和粉丝的关系就拉近了，连接就开始了，大家就从弱关系逐渐进化成中关系了。

晒圈子

好，接下来我们继续晒。我们前面讲过，不能直接炫耀自己牛逼，而要借助别人来暗示你很牛逼。所以跟大家分享一个"牛逼快捷方程式"：

第一，你自己必须牛逼。（这是你安身立命的绝活，没办法，必须自己上。）

第二，你不能自己说自己牛逼，而要别人说你牛逼。（客户见证）

第三，说你牛逼的人必须也要牛逼。（人们通过一个人的朋友圈子判断他的实力。）

第四，duang（注：加特效）的一下，你就牛逼闪闪了。（注意一定要谦虚啊！装逼遭雷劈！）

所以，如果你想要表达自己牛逼，最好晒出你牛逼闪闪的圈子，然后你和牛逼人物关系还挺好，就可以了。观众朋友会有自己的判断。

比如说这个，"……去神舟电脑总部，参观万台手机规模的造粉工厂，太暴力了"，这么多台手机本身已经很震撼了，并且很多观点就来了，很多人也想了解真相，就来发问了。

顺便再把一些超级符号带上去，"小马的推背感不错，推荐土豪考虑入手一台"，玛莎拉蒂这个超级符号还可以吧？足够高大上。我也不说这个车到底有多贵，直接把这个超级符号带上去就行了，理解吗？

借助超级符号的影响力，通过这些东西，让人感觉我的圈子好牛，我也有好多神秘的东西。接下来粉丝的好奇心又出来了，对于我的各种想象空间，是不是越来越多了？是不是有种想一定要去深圳见我一面的感觉了？

肥鱼👕靠谱哥

今天和茂眬松茸的王总，玩赚微商的KK，去神舟电脑总部，参观万台手机规模的造粉工厂，太暴力了！！！同学们，一万台手机在自动加粉做营销，是什么概念？？？另外，小马的推背感不错，推荐土豪考虑入手一台。小马总裁也是我们玛咖的忠实粉丝。

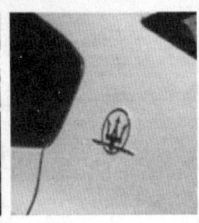

肥鱼👕靠谱哥

60个全国最顶尖的微信大咖相聚浙江。每个微信公众号粉丝200-3000万，保守估计总粉丝超过3亿。晚宴开雷达，加土豪，过瘾！！！要介绍几位的，点赞评论😂😂

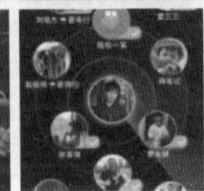

"60 个全国最顶尖的微信大咖相聚浙江。每个微信公众号粉丝在 200 万～ 3000 万，保守估计总粉丝超过 3 亿。晚宴开雷达，加土豪，过瘾!!! 要介绍几位的，点赞评论"，让别人知道，他背后有一大帮的牛叉人物，他也不会太差啦!

最后结尾抛下一个开放式话题，让粉丝去互动。当然，当时我是真的有评论的、有点赞的那些我会跟别人介绍，为什么这么干? 做微商不能太封闭，保持开放、连接的状态，对大家都有好处。

再下一个，晒圈子把我们背后的公司团队也带出来。

肥鱼 👕 靠谱哥

玩赚微商第二期，毕业了!！！今天陪同学们出来野炊，打野战!！！1死15杀，成绩还不错吧?? 💪

我们是玩赚人，把我们"玩赚自由族"的理念、文化和团队时不时也在朋友圈里面晒一晒。朋友出去野炊，玩野战，目的是表达这个家伙不但能干事业，开公司，还能赚钱，还时不时来一场说走就走的旅行，带着小伙伴们一起装逼一起飞。

玩跟赚实际上就是人生最大的两个追求，靠谱哥这群人既能玩又能赚，客户对我的崇拜感或者对我的各种好奇就越来越强烈了。顺便说一句，打造自明星，玩着旅行也是一个不错的好方法。

晒性格

最后一个是我比较推崇的一部分，就是时不时晒你的关于社会的观点，或者关于人性的观点。来看这个文案，就是几组关于老年夫妻比较浪漫的场景。

第一张就是老爷爷老太太在那里玩夹布娃娃的游戏。娃娃机对我们来说，是不是年轻人的行为? 第二张是老太太老爷爷戴着兔耳朵。第三张是老太太站在购物车

肥鱼👕靠谱哥

最浪漫！！！认同请点赞。

9月14日 21:38　删除

上，像小孩子一样。

　　我的观点是什么？我认为这才是天底下最大的浪漫。认同的请点赞！第一，我表达了我的观点，我把我的价值观、人生观都表达出来了。你看他们通过了解我人生观的同时，是不是对我的为人也有进一步的认识了？我能说出我的最真实的想法，我起码也是一个善良的人，起码不会骗人，对不对？看一下结果，很多人点赞，世界还是好人多啊！

　　如果你能时不时制造出批量的点赞的文案来，证明你的朋友圈非常活跃，而且朋

友们会很期待你的内容。这里有个小技巧，如果你自己创造不出来，就去微博找，关注那些娱乐大号，凡是下面转发点赞成千上万的，你就可以引用到自己的朋友圈啦！

自明星做微商怎么切换身份

通过修炼以上"装逼的艺术"——晒也是很辛苦的事情，通过以上的"只要晒不死，就往死里晒！晒!! 晒!!!"靠谱哥自明星和真专家的地位基本上树立起来了，但是离产出业绩还很远，光晒却没订单，只能喝西北风呢。所以还要想办法把粉丝转化成订单。这个转化的过程怎么去做？

举个例子：

转化的过程，我们一般用5天左右时间，会分三步走，发一系列的文案。

首先是行业观察者。

什么是行业的观察者？比如你之所以买这本书学习，代表你对微商这个行业感兴趣，你在观摩、学习。你学习之后是不是有一些启发？你把这些感悟在朋友圈分享出来，别人知道你研究微商去了。这是微商行业观察者。

第二是产品体验者。

你们研究了微商，是不是也了解到这个产品？可以针对这个产品，带着一些好奇心的角度去写文案。不是一上来就说这个产品有多牛逼，而是用比较平淡的语气，说今天了解到这种产品，听朋友说很好，我忍不住想尝试一下。你可以拿几粒玛咖放在掌心上拍照，问粉丝你们猜是什么，是不是很多人就会很好奇？大家都知道你在研究这个产品了。

产品体验者，先告诉大家你在了解这个产品。然后经过初步了解，你开始相信这个产品，接着你开始亲自试用这个产品。自己都没有亲身体验过产品效果，就没有说服力了，这是不负责任的行为。

比如说，"终于要来货啦……好鸡冻（激动），好鸡冻……"，配上一张照片。

转化的第三步，才是你正式开始做产品销售的文案。

文案大概的内容是这样的："我最近了解到一个很好的产品，我自己试用过效果还不错，厂家为了做市场推广，送了我十个大礼包做体验。朋友圈里谁想要，给我评论留下你的地址，只限前十位，晚了就没有了。"

肥鱼👕靠谱哥
终于要来货拉……好鸡冻，好鸡冻……
👏👏👏👏👏

然后把报名情况、发货、礼包发送的东西等，形成几条文案发出去。通过比较软的方式，告知你已经在用产品了，而且还让周边的好朋友也参与体验了。

你体验完，你周边的朋友也体验完，接下来你就可以名正言顺开始告知你的朋友圈，我吃过了不错，朋友也吃过了，都不错。这个东西是好东西，应该有市场。所以我决定拿下一个代理权，让大家更方便买到正品。如果谁想要，我帮你带一盒，量也不多，也就是四五盒，这样就顺利过渡到销售的角色了。

你其实需要很多的步骤，很多的文案，一系列去铺垫。如果没有这些铺垫，你直接一上来就销售，首先别人不知道这个产品是什么，其次是没有体验过程就直接卖东西显得很鲁莽。我们需要一段时间来做角色转换。

身份切换完了就开始进入正题，正题才是相当相当重要的，因为转换的过程也就三五天，但是你要做销售的角色就得长年累月做。接下来研究文案怎么去写就更关键了。

怎么把粉丝变成订单

晒产品

关于产品你怎么去表达？我们总结了很多的内容跟类型，这些内容和类型可能

分布在你接下来的一周时间内，或者一天时间内都有。针对产品我们也要各种晒，直接晒产品，王婆卖瓜自卖自夸也不行。最重要的还是用户说这个产品，才能让别人信服。

所以晒粉丝聊天截图，有咨询的，有成交的，有付款的，有用后效果反馈的，当然也有退款的，还要晒你的成绩，打单发货的场景，送货遇到的人和事……这些在我们前面关于"提升成交率"的分享中，叫作"营造便于模仿的成交氛围"，还记得吗？告诉你不买没问题，反正我能够出这么大的货。接下来再晒代理，最后要做活动，刺激消费。

我们先看一下这个产品怎么晒。晒产品一般用比较正面而且直接的产品介绍方式。

 肥鱼👕靠谱哥

有黑心商人把玛咖宣传成壮阳药，其实真误解了玛咖的内涵，玛卡保健作用比较类似虫草和人参，但营养价值却优于这两，国外早就把玛咖当作常规保健品，甚至保健食物。

比如说，"有黑心商人把玛咖宣传成壮阳药，其实真误解了玛咖的内涵，玛咖保健作用比较类似虫草和人参，但营养价值却优于这两，国外早就把玛咖当作常规保健品，甚至保健食物"。这是比较硬的广告，这是一种晒产品的方式。

另外，产品好处还可以用数据说话。上一条是生硬地讲，拿虫草和人参做类比。但是，你说玛咖比虫草更牛，凭什么这么讲？所以我们就用了科学的数据分析，玛

咖 PK 冬虫夏草，最后来一句"想免费尝试的举个手"。时不时把互动带起来。一定要记得，互动是微商的必杀技。

肥鱼👕靠谱哥

玛咖 PK 冬虫夏草！！！💪💪💪 想免费尝试的举个手？

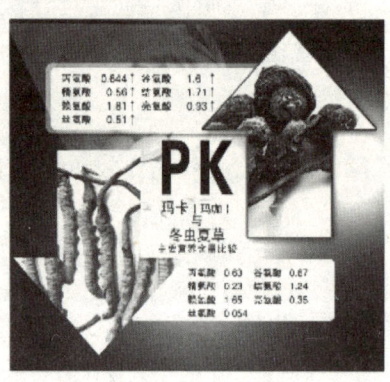

上图就是"玛咖 PK 冬虫夏草"，直接做成图表，给粉丝直观的对比，到底玛咖为什么比冬虫夏草强。我们来分析两者各种核心有效成分的含量，每一个玛咖都超过虫草，就很直接说明我们产品更加给力，民间还流传着"一颗玛咖赛过七根虫草"的说法。这是一种科学的数据表达方式。

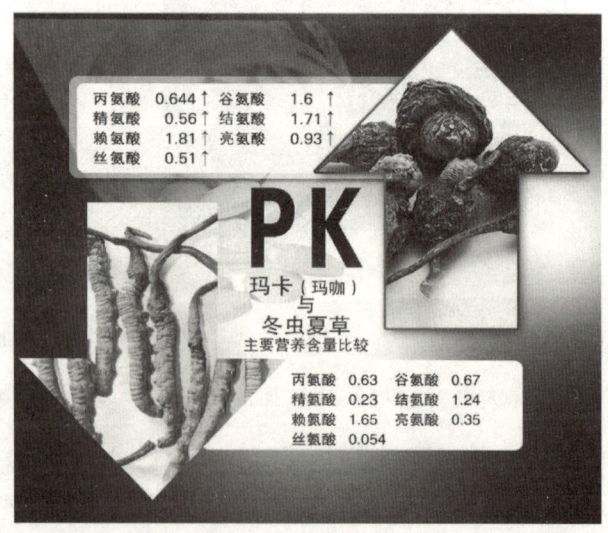

要体现产品的宝贵，还可以从苛刻的生产环境入手。有这么严格的生长环境，这么稀少的产量，自然就会比较珍贵啦！

肥鱼👕靠谱哥

👏👏👏被誉为"安第斯皇后"的玛咖，也太大牌了，来中国落户，对"居住环境"要求这么苛刻

🌲🌲1.要在山上选地址，海拔3500米以上的高山。2.常年可以晒太阳；要求日照充足，年平均日照280天以上。3.环境别太干燥；整体环境湿润，雨水要充足 4.土壤营养要给力，通透性和保水性良好5.纬度还不要超过30度 小结：要求这么高，要逆天么👀👀

以上的举例，都是带科普性质的、直接介绍产品的硬广告模式。这类文案，每天一到两条就足够了，主要是让很多潜在客户明白玛咖的基本常识。硬广告不能太多，否则物极必反，招致粉丝反感，试想有谁愿意天天看你的产品广告刷屏啊？暴力刷屏必死无疑，轻则拉黑，重则举报，如果被腾讯封号，你损失的就远远不止一个微信账号了，比如一个有1000个准用户的账号被封，前文也分析过，"移动互联网＋"时代，最核心的无形资产是"连接"，如果没有数字概念，你用"用户立体

价值"计算一下，你无形资产的损失是多少？起码 100 万！

晒互动

晒与粉丝的互动是最重要的朋友圈文案内容。这个怎么理解？就是你平常跟粉丝聊天，碰撞出一些什么火花，有些什么好玩的故事，或者是用户的体验反馈等待，截图做成文案，用朋友圈碎片化的方式跟粉丝们分享——其实就是在晒"用户见证"，借用户的嘴说你的人品靠谱，好品好用。同时也暗示有很多人来咨询购买，靠谱哥的产品很受大家欢迎，虽然我很逗逼，但我确实很用心在服务用户……这些信息都不是直接说出来的，而是暗示之后粉丝们得出的答案，理解吗？

这类文案方式，除了传递很多隐含信息，还能够刺激粉丝们主动互动，很多人看到这些聊天内容很可能哪个人的哪种情况刚好跟他类似，于是也跑来咨询了解一下。我们日常生活中也会碰到很多类似的情况吧？

肥鱼👕靠谱哥
昨晚聊到一点多的一位朋友，感谢你的支持。对于微商，你有同感吗？

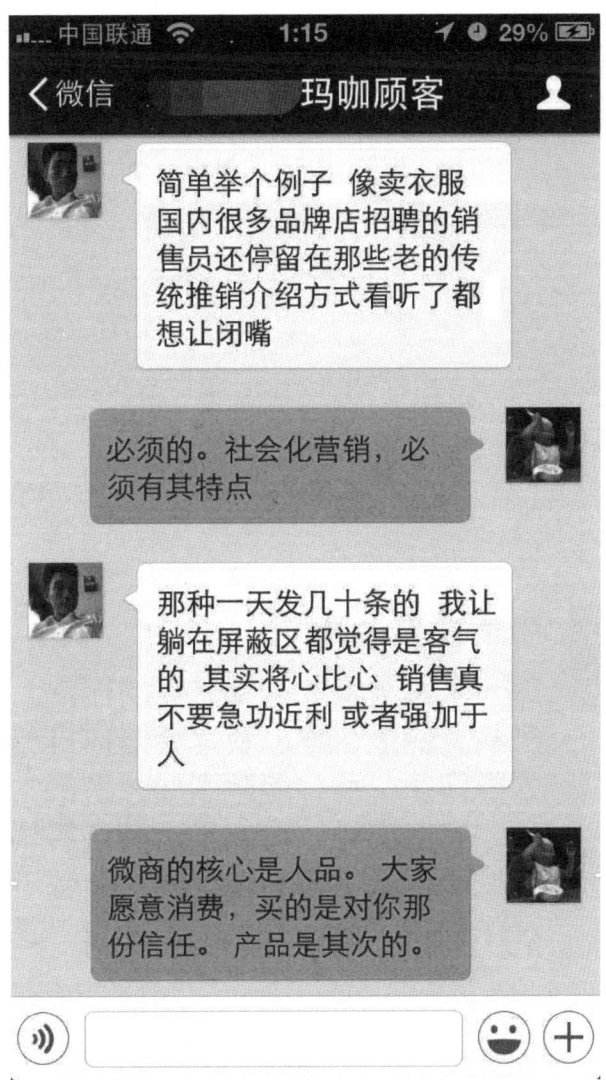

客户："其实，至少有一百多个微信号躺在我的屏蔽区。"

靠谱哥："是不是得感谢你一下。"

靠谱哥："别告诉因为我是逗逼。"

客户："也不能这么说，不反感就对。"

靠谱哥："因为我不单单是卖货。"

……

靠谱哥："微商的核心是人品。大家愿意消费，买的是对你那份信任。产品是其次的。"

"是不是得感谢你一下"，"别告诉因为我是逗逼"，这些都是玩笑话，能把聊天气氛调动起来。

通过晒出这些对话截图，强化靠谱哥自明星定位中"逗逼不扰民微商"的个性，更重要的是传达出确实有很多客户认可我做微商的方式。不但产品得到认可，还有做人做事、销售方式也得到认可。换句话说，有那么多人都认可我了，你还有什么好怀疑的呢？

再来一条互动文案——"每一个来咨询的，都是我的朋友。如果产品真的适合你，我才会给你推荐。不为赚你多少钱，能帮到你才是根本。所以，有些问题，玛咖是没有直接效果的，或者效果不容易体现的，我都不会建议你食用。靠谱哥卖的不是货，是_____"

肥鱼👕靠谱哥

每一个来咨询的，都是我的朋友。如果产品真的适合你，我才会给你推荐。不为赚你多少钱，能帮到你才是根本。所以，有些问题，玛咖是没有直接效果的，或者效果不容易体现的，我都不会建议你食用。靠谱哥卖的不是货，是

这相当于填空题。我们从小就做填空题，看到这样的横线是不是都本能反应一样想补充完整？这是靠谱哥玩的小把戏，就是时不时挖一个坑，让好奇带着你去互动填空。再强调一遍，文案都要带着互动的引子去写，有互动才有成交！

除此之外，重点是晒用户的互动聊天截图。为什么要晒这些截图？靠谱哥卖产品的目的不是为了赚你的钱，对靠谱哥来说，产品能不能帮助你解决问题才是核心

关键，赚钱只是顺带的而已。换句话说，如果不能帮到你解决痛苦，靠谱哥宁愿不接你的订单，不赚你的钱。所以靠谱哥名副其实的靠谱，而不是某些只要赚钱、不管有没有效果都卖的无良微商。

但是如果靠谱哥直接嚷嚷说自己很靠谱，这只能让人怀疑，甚至反感，所以还是要借助用户的嘴说出来，自己再截图发朋友圈。从用户嘴里说出来的是不是更加可信？这就是用户见证的力量。切忌自吹自擂，自卖自夸！

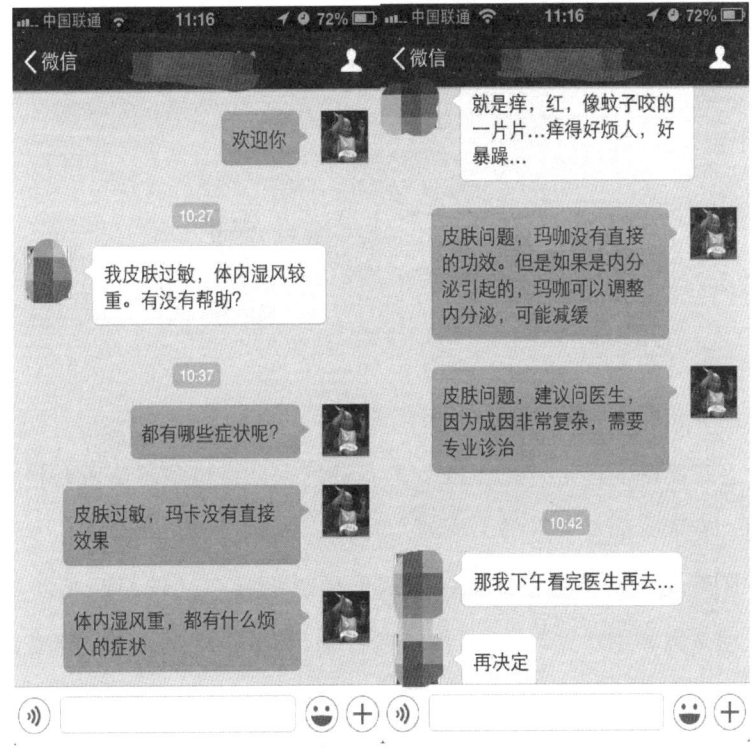

客户："我皮肤过敏，体内湿风较重。有没有帮助？"

……

靠谱哥："皮肤问题，玛咖没有直接的功效。但是如果是内分泌引起的，玛咖可以调整内分泌，可能减缓。"

靠谱哥："皮肤问题，建议问医生，因为成因非常复杂，需要专业诊治。"

客户："那我下午看完医生再决定。"

靠谱哥："嗯，好的。能帮到你的我才会推荐的。"

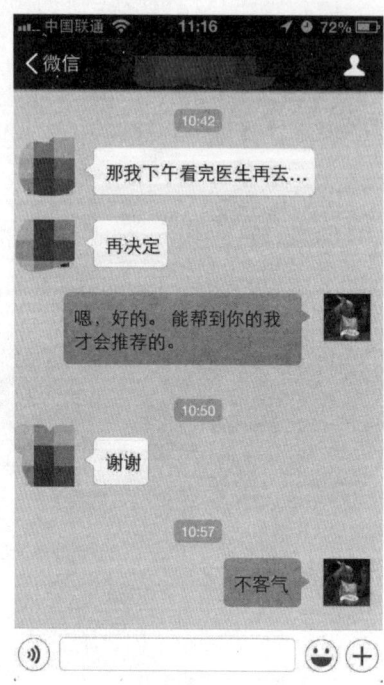

既然产品无法解决他的问题，就算卖给他也没有意义，对不对？这个聊天截图，除了让这个客户感受靠谱哥"真专家"的专业性以外，更暗示给所有粉丝看，靠谱哥虽然逗逼，专业方面却一点都不含糊，人品足够靠谱。

以上"晒互动"这种文案，是做微商最核心的技巧。随着购买的用户越来越多，你的互动文案和用户见证也会越来越多，不断用碎片化的更新分享出来，随着时间推移，成交率会逐步提升。一般互加微信好友一个月以后，成交率能够达到20%～30%，厉害的还能做得更高。这些都只有通过实战测试才能知道确切数据。

所以怎么粉丝做互动，怎么采集用户见证，提炼你"自明星、真专家"的地位，是做文案最核心的工作。这比每天硬推我的产品有多牛是不是要更好一点？更加让人容易接受一些？

晒业绩

除了晒互动，我们还要晒业绩。用订单截图、快递打单、仓库发货等等场景，暗示各位粉丝，第一靠谱哥的产品确实给力，否则不会有那多人购买；第二靠谱哥

公司实力很强，不是小孩子玩过家家，我们有很强大的供应链和产品质量保证。

那么问题来了：怎么晒业绩才不会变成赤裸裸的炫耀，避免招致反感呢？比如说每天我们都要大量发货，相应的打包截图，通知领取快递单号，偶尔秀一下业绩收入，这些叠加起来，通过日积月累的碎片化影响，对粉丝的说服力是相当"强悍"的。

 **肥鱼👕靠谱哥**

大量到货！！！这几天忙得稀里哗啦，连小豆比第一次上早教班都忘记了！！！到货，整理仓库，发货…积累了一堆客户的订单。朋友们，今天之前下单的，全部都发货了！！！单号已通知到各位。图有亮点，我会告诉你吗？？

除了支付宝的流水截图，我们发货的现场有美女在打包，有快递员在收件，有堆积如山的包裹。这些都是暗示，告诉别人我们卖得好有很多人买，有很多人都在买就意味着产品好。

除了以上内容，还可以挑重点用户的超大订单来晒业绩。我觉得大单的触动力会更强悍。譬如下面这一组，"我知道断货一周把你们憋坏了"（这个断货是因为厂家低估了微商销售能力，备货不足造成的），"一个个的都大量补货，14套的走起"，这句最关键的是 14 套。然后上聊天截图，去证明真的有个客户一次拿了 14 套的量。

晒反馈

晒业绩只是从侧面给客户信心的一种方式。但单纯晒业绩还不够，接下来还需要让粉丝去感觉，在用了我们的产品之后有什么话想说，是不是很多潜在的准客户都有这种想法？都很好奇别人的感受，是不是真的有效啊，所以我们就满足这些粉丝的好奇心，用晒用户吃过以后的反馈来打消他的顾虑。

举个例子，"上回给大家提到过的兵哥哥，收到我们家的货了。兵哥哥每天训

 **肥鱼👕靠谱哥**

我知道断货了一周把你们憋坏了😂😂 一个个的都大量补货，14套的走起👍 为什么那么多客户反馈一瓶就有好效果？？很简单，因为我们是正品玛卡。另外，我们的活性加工技术让玛卡能保留99.9%的营养。一般的加工技术，营养丢失率高达50%。 改天给大家科普一下美国航天局用来处理航天食品的这项冻干技术。

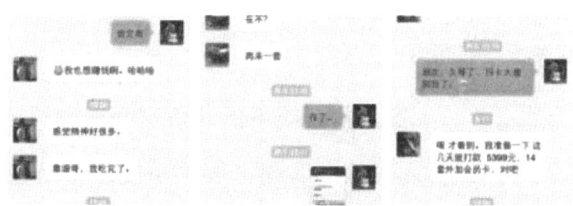

 肥鱼👕靠谱哥

上回给大家提到过的兵哥哥，收到我们家的货了。兵哥哥每天训练强度大，吃一天，就反馈精力增强了。👊👊👊 正品玛咖就是这么给力。帅哥比较害羞，还在单身。想要微信号的美女留个言…😂

练强度大，吃一天，就反馈精力增强了。正品玛咖就是这么给力。帅哥比较害羞，还在单身。想要微信号的美女留个言……"，这一组文案的秘密在哪里？

通过前面的各种"努力装逼努力晒"，基本打造成了靠谱哥的自明星地位，在粉丝圈中拥有了一定影响力，慢慢就会有很多粉丝开始关注靠谱哥的动态。于是，借助中秋节的到来，靠谱哥发起了一个中秋临时感恩促销活动——我说现在是晚上8点钟，12点前下单就可以享受会员价。

做活动肯定要保证真实性和原则性。上面这个兵哥哥的确过了12点，好像是12点零5分才来下单，这不符合中秋活动规则。一般人，如果很讲原则，可能会直接说超过12点就不能享受优惠，只能全价购买。这样处理就算了。另一种不讲原则的微商可能见钱眼开，悄悄卖给这个兵哥哥，反正也没人知道。

但是靠谱哥就要借题发挥一下，发朋友圈征求粉丝们的意见："这里有一位兵哥哥12点零5分才下单，大家觉得他能不能获得这个优惠？"

因为靠谱哥说一不二，超过这个时间，谁都不能获得这个优惠。但是这个兵哥哥有点特别，他当兵要整天操练，所以来晚了五分钟，需要玛咖加强体能提高训练成绩。早在2001年中国兴奋剂及运动营养测试研究中心就已经确认玛咖不含国际奥委会禁用成分，所以兵哥哥可以放心吃。更重要的是，这个兵哥哥还参加了2008年"5·12汶川大地震"的抗震救灾工作。

于是就发朋友圈，征求粉丝意见，同不同意给他享受优惠。很多粉丝评论说同意，毕竟是有功之人，情况特殊，建议靠谱哥网开一面。这样一来，粉丝觉得靠谱哥的确说一不二，还觉得你足够尊重粉丝的意见，还与粉丝们碰撞出了话题和共鸣，让互动更有意义，而不是瞎扯淡。

上面截图就是这个兵哥哥的回访反馈，大家都记得他，他的聊天截图说明都是真实的，顺便也把产品的功效再植入式地给粉丝们科普了一下。这些朋友圈文案都是经过策划，应情应景应人，一环扣一环，系列化逐步推出。

我们要主动跟购买过的用户聊天，了解一下产品是否对他有用，当然是出于责任心而做，也顺便成为搜集"用户见证"的好方法。一般用户都是不会拒绝的，但我们自己要主动！

最最重要的是晒，只要晒不死，就往死里晒！凡是给自己加分的东西一律晒！

凡是减分的东西一律不晒！粉丝的订单是晒出来的，明白吗？

所以我们策划朋友圈文案千万不要偷懒，不要只知道复制粘贴别人的文案；更不要太死板，要懂得借题发挥，更要时时刻刻牢记如何制造话题与粉丝互动。无互动不信任，无信任不成交。你记住了吗？

收钱，还是收钱

做微商，一定要有"生活大于生意"的觉悟，如果一上来就目的性很强地强势推销，那是把粉丝看成钱袋子，这样的微商肯定越做越难。但是，我们毕竟是微商，当然最后必须收钱！

但收钱也有一个过程，我们遵循"先交流，再交心"的规律，先跟粉丝交流感情，再交心产生信任，最终把粉丝变成订单。下面这个例子，看看靠谱哥是怎么跟男性粉丝聊天，怎么交流感情，怎么成交的。

男性粉丝成交案例

这哥们儿以前买过靠谱哥的玛咖，年龄不大，所以聊天比较随性，很有逗逼风格。

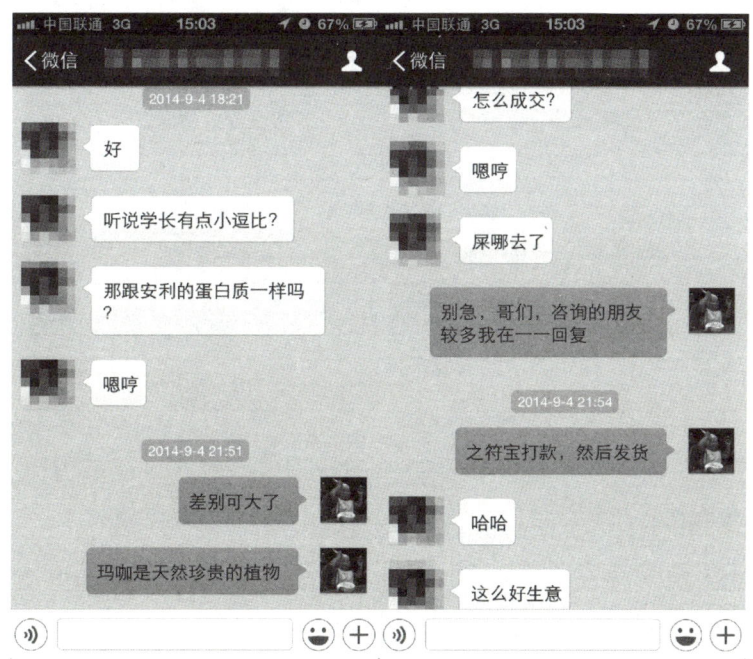

他说"听说学长有点小逗比"，然后再问了"那跟安利的蛋白质一样吗"，我说"差别可大了"、"玛咖是天然珍贵的植物"，他说"怎么成交"、"嗯哼"、"屎哪去了"（死哪去了），看到没有，这就是逗逼式的互联网文化。

从他的说话用词就能判断出，这哥们儿天生有种互联网的逗逼精神。我们当然也要用类似的语言去"回敬"他，跟他保持同频共振。如果遇到一本正经的，上点年纪的客户，用这种逗逼的互联网语言，可能他连什么意思都搞不明白。所以，学会调整自己的说话调调也很重要，这样他才会觉得你是同类。

所以我们就要和他在逗逼上保持一致。我说"别急，哥们，咨询的朋友较多，我在一一回复"。因为当天咨询的客户特别多。他大概是 9 点钟来咨询，但是我差不多 10 点多才回复他。

试想一下，要是这哥们儿在淘宝咨询，一个小时后客服才回复的话，他早就直接蒸发啦，你很难再找到他。但是做微商，双方互加了微信好友之后，他就留在了我的朋友圈里，所以我总结了一个心得，"做电商流量为王，做微商留量为王"。

他说"哈哈"、"这么好生意"、"我被冷落了"、"我要投诉你"、"让老板娘打你"，你看我是怎么回的，我没有承接他这种。我也用逗比、相互调侃的口吻，我

说"不打死我，随便你怎样"、"客观，你要拿几套"。接下来他对产品还有一些疑问，他说"我一个人"、"偏瘦有用吗"、"没用，我真打屎（死）你"，我说"好吧，打屎（死）我吧"、"玛咖不增肥啊"，因为玛咖确实没有增肥的作用。

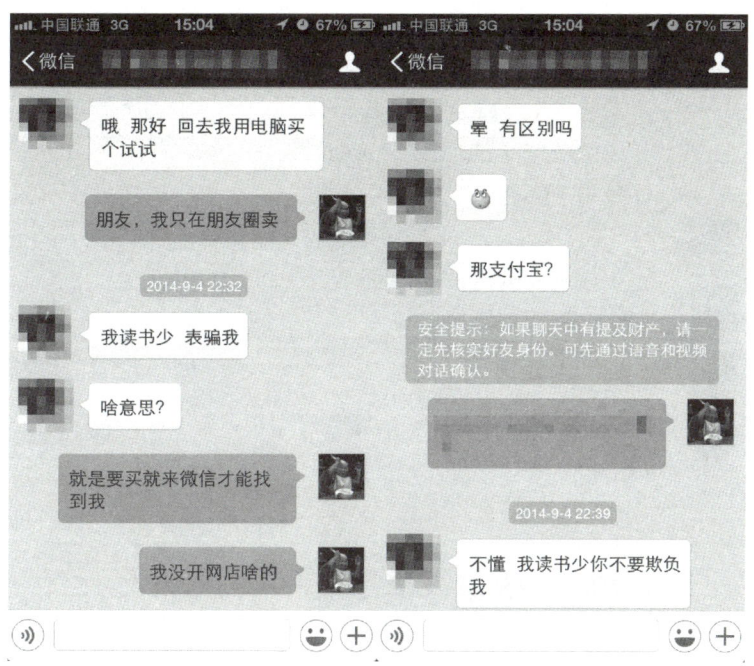

他说"那好，回去我用电脑买个试试"，这就是成交的"MOT（注：关键时刻）"了。你想象一下，用户第一次在微信成交，是怎样的心情和场景？学会场景化思考，也是微商的生存必备技能哦！有机会我们另外写书说明。

一般都要先给我们打款，我们再发货，而且没有第三方担保交易。这是微商与电商相对比较的成交流程中区别最大的一个地方。所以我们才需要下那么大的苦功，来打造"自明星真专家"的形象，用心策划朋友圈文案，努力建立信任感。要不然，到了成交付款的临门一脚，很多客户怕上当受骗就退缩了。

成交的关键时刻，我说"朋友，我只在朋友圈卖"，他说"我读书少，表（不要）骗我"。虽然这哥们儿用了很网络化的语言，但还是很警惕的，怕遇到骗子。然后他问："啥意思？"我就说"就是要买就来微信才能找到我"、"我没开网店"。

他犹豫了，到了第二天依然没有成交。以前做电商的时候，如果有个客户来咨询，基本上当天咨询完他要就要，不要的话第二天他就消失了，很难再把他找回来。

但是在微商里面第二天还有可能再回来，再做咨询。我们就要利用微信"留客"的特点，持续地跟进客户。重复一遍，"做电商流量为王，玩微商留量为王"，一定要记得这句话！

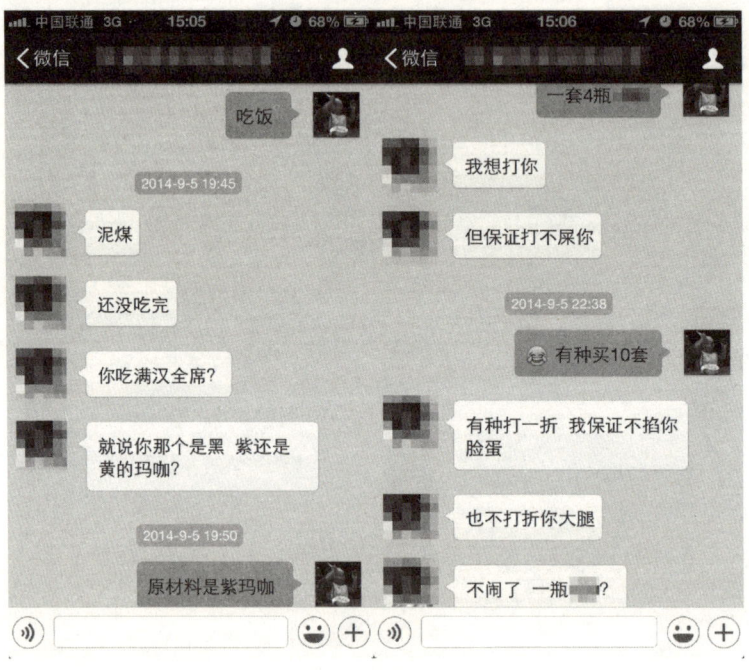

果不其然，第二天这哥们儿又来了。这让你感受到微信留言的威力了吧？前一天他要了支付宝账号。哎，微信应该早点支持微商，并且鼓励微商用微信支付，这比摇一摇抢红包还给力啊，可惜就被官方硬生生地错过了大好时机，搞得我们还要用马云的支付宝，真替小马哥遗憾！

言归正传，这哥们儿头天要了靠谱哥的支付宝，付款时他可能不相信而退缩了，并没有打款。第二天他又想购买了，就问了一句"在不在"。为啥不怕他跑掉？因为我有碎片化朋友圈的"无影腿"，一直潜移默化地影响着他。

你看这哥们儿说话用"泥煤"（"你妹"的谐音字，类似"草泥马"）"但保证打不屎你"这种逗逼的调侃——而且通常是双方比较熟悉才会用的类粗话。对比一下，做电商称呼"亲"，不自觉就带着一舔（点）拍马屁的感觉。但是做微商，我的地盘我做主。我有我的态度，你有你的态度。我们是朋友，我们可以相互调戏对方。你买我的没关系，你不买我的也没关系，这种心态去沟通，反而就更能成交。

130

估计这哥们儿心里觉得你特么卖个玛咖让老子等你半天，还屎（死）不回复。但是他一直不舍得走，为什么？第一是因为他想买。第二他很认可我们的方式，他享受互相之间的"逗逼调戏"方式，感觉找到了同类。

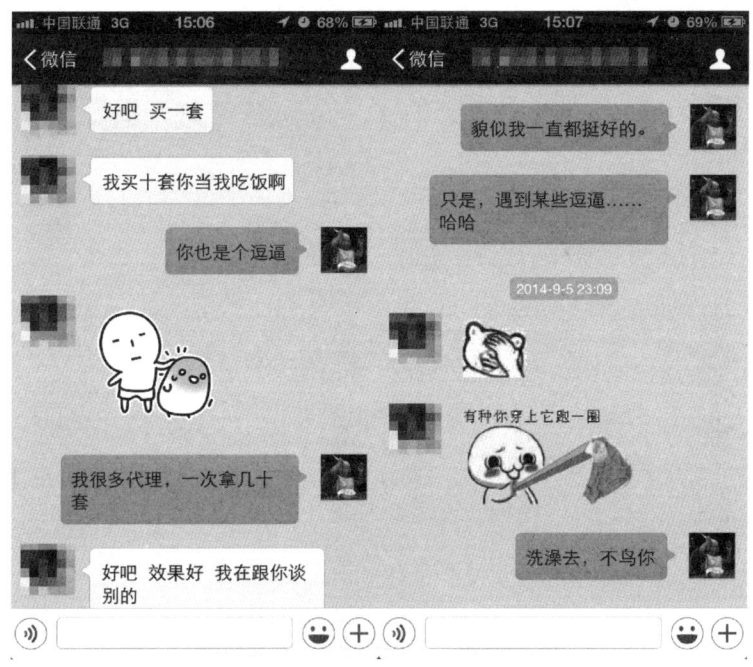

好，我直接再回他一句"有种买10套"。你调侃我，我再调侃你，对不对？这要相互往来的嘛。他回我"有种打一折"。相互的一个逗呀，最后他受不了，"好吧，买一套"、"我买十套你当我吃饭啊"。我就再回敬他一句"你也是个逗逼"，相互认可嘛，各种呆贱萌的表情。（微商小贴士：多增加些各种风格的表情，对于调节聊天气氛很有帮助哦！）

后面接着来了一句"我很多代理，一次拿几十套"，这个什么意思？就是在相互已经你"调戏"我、我"调戏"你到一定程度后成为一种能聊得来的朋友了，他也达成了购买的意向了，这个时候我们要为下一步成交做铺垫。

为什么要说"有种买十套"，实际上就是暗示一次十套的量对靠谱哥来说很正常，一次拿几十套也大有人在。然后他肯定会接话，"好吧，效果好，我再跟你谈别的"，逗逼、"调戏"、成交一气呵成。

成交收货啦。我要提醒一点，用户购买以后，必须要做回访，这是做微商的责

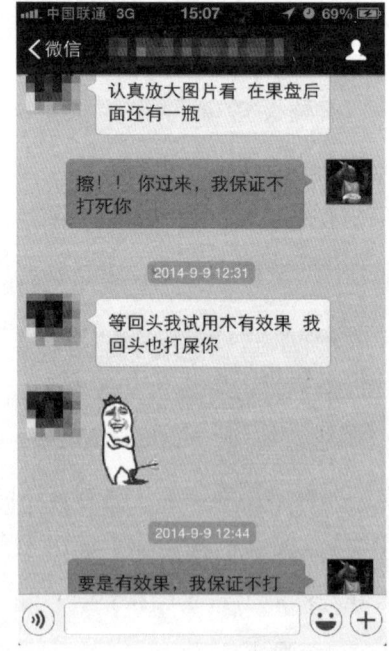

任心。当然，回访也是为了回头客做准备。没有后端的一锤子买卖，不是靠谱哥玩微商的风格！

这哥们儿收到货以后就拍照发过来了。噫？感觉不对呀！回想一下，我们一套玛咖有 4 瓶，可是他发来的图片上只有 3 瓶！我说"不对啊，不是四瓶吗？"他说："对啊！还有一瓶呢？"

然后我就各种急呀，如果确实出问题了，靠谱哥肯定要认真对待的，你同意吗？我当时就很认真地问他，是不是真的少了一瓶，我要马上联系厂家补发。然后他说："你个逗比。"这魂淡（"魂淡"是"浑蛋"的谐音，网络流行用语）他居然要我，认真点看，在果盘后面还有 1 瓶呢！

微商跟买家之间是可以相互调戏的。跟男性粉丝就要用他同频的语言聊天。关键是这种比较逗的聊天很有喜感，一定要记得截图保存，一条文案就产生了，而且是用户和我们一起来完成的。这样的聊天发到朋友圈，比起老一套"王婆卖瓜，自卖自夸"的推销，整天说自己产品有多好，是不是更生活化，更真实可信？这样逐渐影响其他的潜在客户，帮助我们提升成交率。

如果用一个词语来概括，靠谱哥和男性粉丝之间的互动基调，我们称之为"好基友（注：是指两个关系好的同性）"。

用网络化的语言，比如"打屎你"，对方可能第一次看到不是很明白，但会觉得有点逗逼，下次他也来句"打屎你"，这么"屎来屎去"我们和粉丝的距离就拉近了，信任感就建立了。

还有就是多用表情，比如"敢去小树林等我吗"，很调侃的，看到有趣的表情记得收藏起来，下次你遇到这个场景的时候随机调用就好。做微商，必须努力爱上这种互联网文化，一边搜集素材，一边锻炼用网络语言对话的方式和技巧。

这些小技巧，能够快速拉近粉丝间的心理距离，都经我们自己测试过，并且有效才会分享给读者。当然也不是说所有人都接受这种对话风格，你需要具体问题具体分析。但总体来说，跟男性粉丝做"好基友"的腔调是 OK 的。

还有一件特别重要的事情，用户把产品买回家以后，有没有按正确方法使用？他体验以后感觉怎么样？我们必须主动回访用户，把他们的反馈发到朋友圈，下一次发布朋友圈的内容是不是又搞定了？像这种一箭双雕的好事，好好干、重复干！

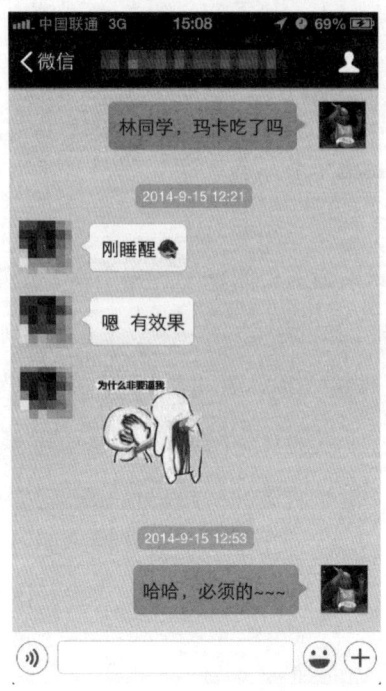

是微商的必备本能！

　　靠谱哥对上面这位"林逗逼"的回访，我问玛咖吃的怎么样，他说"有效果"，这三个字就可以了。当然能引导他说得稍微具体一点更好！比如是对失眠改善有效果，以前睡不着，现在睡得很香。这个图我们直接用来发朋友圈了。

　　以上是针对男性粉丝的成就过程，开个玩笑叫"逗逼成交法"。和男人聊天怎么创造出"基情无限"的感觉，希望大家反复体会。这种"逗逼成交法"要比你正正规规地讲产品说明书的成交率会提升很多。

　　这哥们儿跟我一样都是逗逼，后面发展到你不骂一下我、我不骂一下你就感觉整个人都不太好，浑身欠扁的感觉你懂吗？搞到后面还真变成好基友了。

　　他认可越深，买得越多，俩逗逼价值观相互认可，他对产品也很满意，有一天我问他，我们玛咖有这样的代理制度，你要不要干？你要干就跟我干，不要干就滚。他说干就干吧，100套又不是买不起。后来我问他为什么要跟靠谱哥干，他回答也很干脆，说首先觉得靠谱哥人品靠谱，不像别人忽悠小白（注：新手）囤货后就撒手不管了。第二产品质量靠谱，自己体验以后效果不错，才敢推荐给自己的朋友。

第三感觉靠谱哥做微商很牛，跟着干可以学不少干货。最后来一句："代理价自己吃划算。"卧槽！

其实我们有很多代理，一开始都是从用户转化过来的，更有甚者还直接跑到我们公司应聘员工。

其实从来没有一个行业对做人的要求有微商这么高，所以我们强调"先做人后做微商"，要把微商做好，第一人品必须靠谱，第二你必须玩得起，不敢玩不会玩的"老八股"是肯定玩不好微商的！

女性粉丝成交案例

对待女粉丝的基调怎么把握呢，我们总结成三个字"小情人"——当然不是真的叫你乱搞男女关系，这是我们做人最起码的底线。而是用"小情人"的心态，和她交朋友，聊天。下面举个例子。

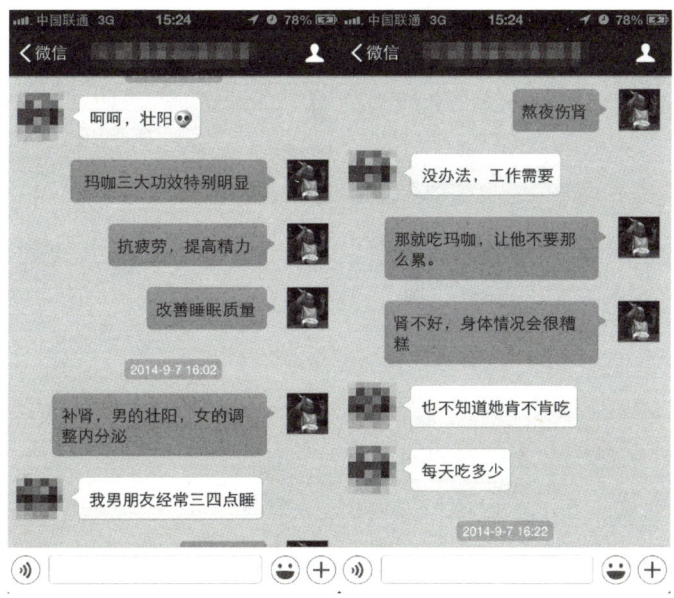

这个女生和靠谱哥刚认识，大家都不太熟悉，难免会客套一下。她的目的也是咨询玛咖的产品功效，看看是否适合自己的男朋友。（广大的男同胞们，多多感谢你身边的女人，她们的确很体贴，处处为男人着想。要不怎么会说每个成功男人背后都有一个伟大的女人呢！另外一句更狠，每个失败的男人背后都有一群女人！所以靠谱哥再强调一遍，和女性粉丝聊天我们只玩"小情人"，不是玩小三！）

她比较关心玛咖的壮阳效果。是不是很多人都有一样的误解，认为玛咖就是壮阳药？遇到这种情况，当然要正本清源，消除误解，既显示你足够专业，也能真正帮到客户。所以，靠谱哥开始给她做产品科普，提到"玛咖三大功效特别明显"、"抗疲劳，提高精力"、"改善睡眠质量"、"补肾，男的壮阳，女的调整内分泌"。

她提出了"我男朋友经常三四点睡"。我们要用专业、负责的心态解答这些问题，让她明白她男朋友应不应该吃，她自己应不应该吃。这是比较简单、循序渐进的一个过程。

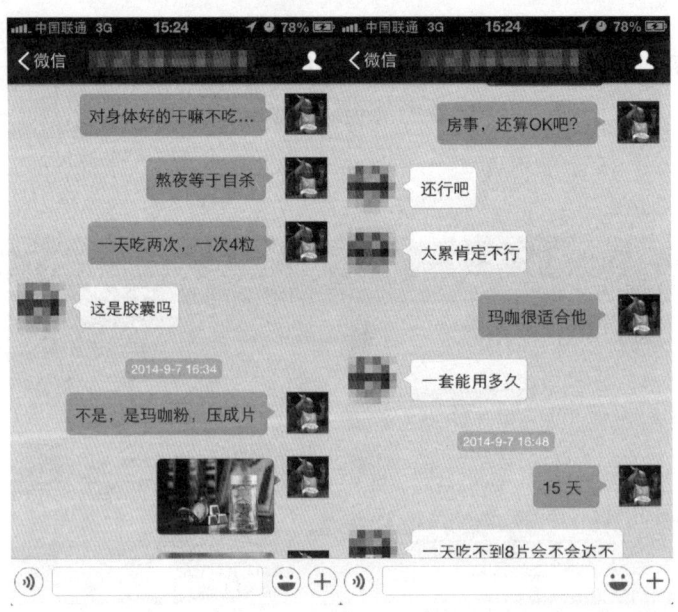

这类客户，给她解答了产品功能，她已经有了明确的购买意向，所以我直接发了支付宝收款账号（为了避免微信官方的风险提示，一般都直接发截图）。但是问题又来了，在付款的关键时刻她又犹豫了。这其实很正常，大家刚认识不久，信任度还不够强。大多数人都是这样的情况，所以在做微商的过程会有很多跑单的现象，说好了要购买，结果到了付款前一刻对方突然变卦了。所以做微商必须会追单，马上吃到嘴的鸭子怎么能让它跑掉呢？

这个女生就是这种情况，很典型，所以我特地挑选她的成交过程来和大家分享。这类客户需要想办法激活，当时刚好有中秋活动，活动快结束的时候我挑选比较有

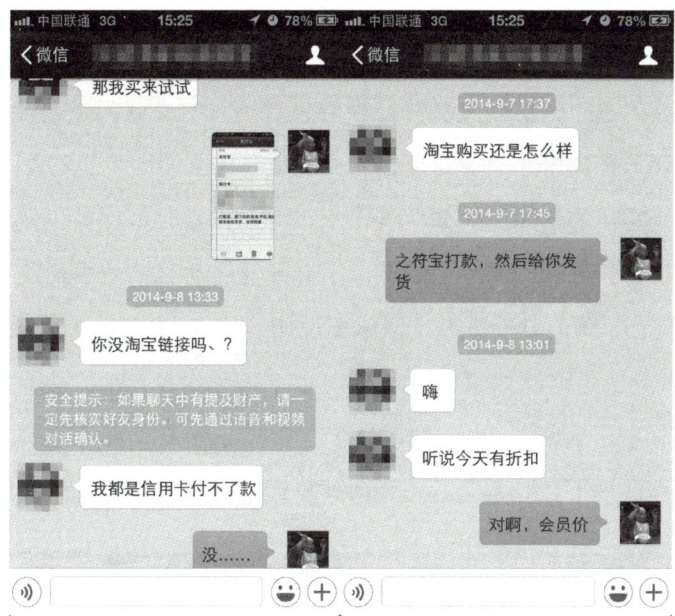

意向的客户，挨个群发了一下消息（群发一定要注意，针对特定的分组做。千万不要不分青红皂白乱发，很多人都很反感这种行为，胡乱群发被拉黑的微商多了去了）。

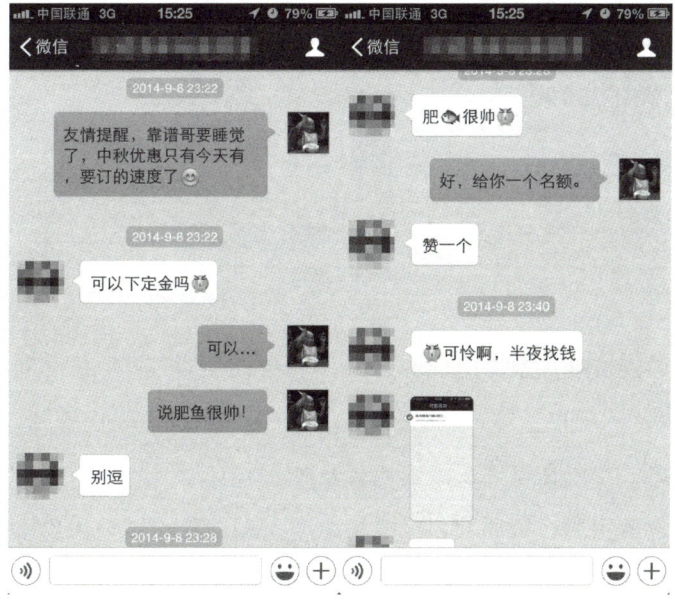

对购买意向坚定的客户，我说"友情提醒，靠谱哥要睡觉了，中秋优惠只有今天有，要订的速度了（注：加快速度）"，因为之前已经很有购买意向，害怕失去是人性，所以她收到这个信息她怎么样，很着急对不对？她就问能不能下定金，因为她之前在支付环节掉链子了，有可能没有支付宝。那么要同意她吗？

当然不，别忘了靠谱哥是"逗逼不扰民微商"，要时刻保持逗逼本色，给她点颜色玩玩，要让她付出一点小小的代价。下面开挂启动"调戏模式"。

"你可以下定金锁定中秋特惠，但你要说句'肥鱼很帅'"，这女生为难了一下（一个陌生男人突然要你说他很帅，人家有点小害羞嘛），还是说了"肥鱼很帅"。我说"好，给你一个名额"，再让她赞一个。你想象一下，两个刚认识不久的陌生人，这么稍微调侃一下，是不是心理距离就拉近了很多？这样成交就是水到渠成了。

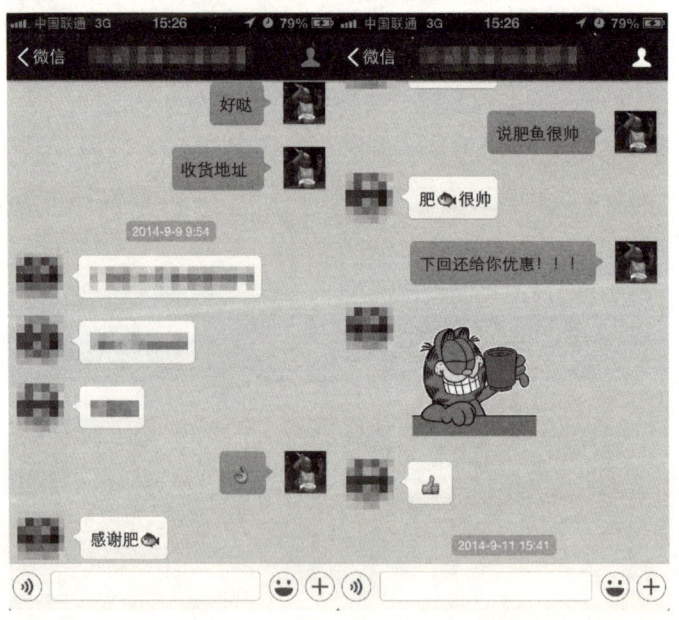

因为我给她资格嘛，她要感谢我，她说"感谢肥鱼"。我继续来一句"说肥鱼很帅"，她就说了"肥鱼很帅"。我最后说了句"下回还给你优惠"，表达我们的什么呀？大度。第一次成交就这么愉快地玩耍搞定了。

对待女粉丝就用那种坏坏的、贱贱的态度，跟她互动，效果就会更好，毕竟坏男孩有人爱嘛！这是案例之一，我们现在的档案库里，类似的案例还有很多。最关键的是在付款那里遇到障碍时千万不能放弃，一定要积极跟进，我遇到跟进时间最

长的一个女生，长达两周！现在微信也是客户跟进神器啦！

她付款，我发货。然后要做什么关键性的工作？错过这个关键工作，一年会错过几百万哦！

对了，就是回访。她收到货以后及时跟进，告诉她正确的食用方法，再顺带请她来个买家秀。

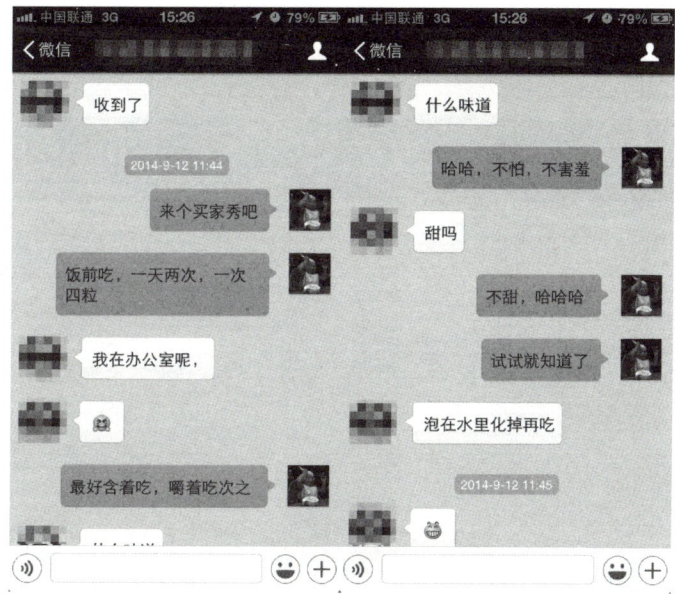

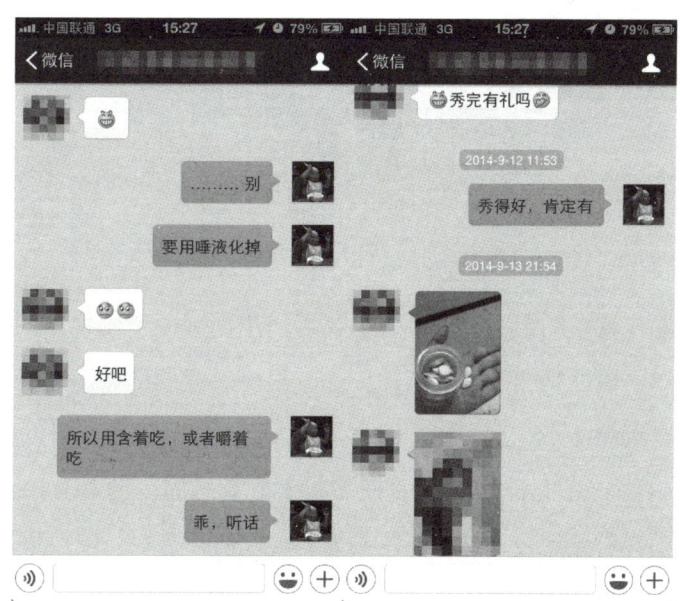

这里要特别说明一下，我们一般都建议客户吃玛咖要舌下含服，用唾液中的酶来帮助身体吸收玛咖的有效成分，含着吃对于消化吸收是非常有帮助的，所以我们都建议客户要含着吃。

她试着含服了一颗，觉得玛咖味道很难接受，就想先用一杯水把玛咖溶化以后再喝掉，我建议她不要这样，一定要用唾液化掉。所以对于女粉丝，你要勇敢地要求她做某些动作，最终她会妥协，这是女性的一个特点。当然你也可以要求她购买，会哭的孩子有奶吃，脸皮厚的孩子有肉吃。

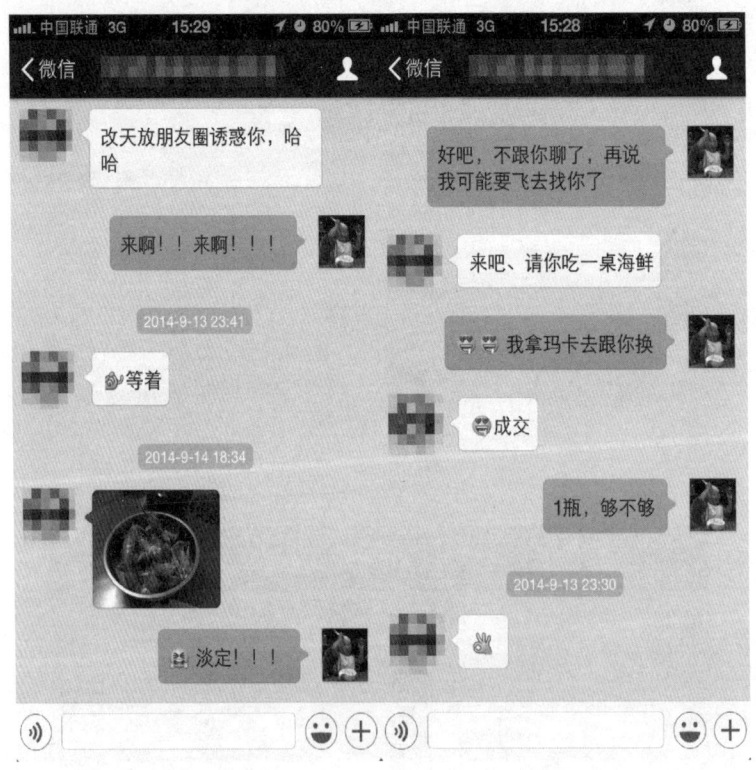

接下来，顺便请她晒个买家秀。这是我们借用面膜微商的惯用招式。让客户拿着产品来个合影，最好是颜值高的品种。你看很多做面膜的微商就是整天发这种女神自拍照。但是玛咖还是有点难度，因为很多人都误以为玛咖壮阳，和壮阳药合影，对于腼腆的中国人来说（不管男女），还是很不好意思的，过不了自己心里这一关。所以，如果之前没有跟用户充分沟通，双方认可度信任感不到位，她是不太乐意的。

经过调侃，大家感情基础就建立了。除了要教客户怎么吃，还可以顺便要求她

晒个买家秀。

买家秀是什么意思？就是让客户拿着产品做展示合影。除了有感情基础，再配合一些礼品优惠之类的实际好处，她就更有欲望晒买家秀了。这样又多了一组客户见证。据说还有很多微商用不同的账号互聊，互相转账，制造假的客户见证，用欺骗的方式给人制造幻觉，估计是从电商"刷单党"那里学来的。但假的始终是假的，假的真不了，真的假不了。出来混，迟早要还的。再说了，做好跟进服务，积极回访，你的客户见证就晒不完了，还何必造假呢？

接下来的互动，就越来越深入了，大家的信任感也越来越强。她会聊她的感情问题，聊她的工作，聊她的生活，等等。所以我经常说，如果你是个做食品的微商，突然有一天，你的客户跑来问你，她要去约会穿什么衣服比较好的话，那么恭喜你，你成功了！她说自己下厨很厉害，是个只要吃不死就往死里吃的那种吃货，偶尔又发一些好吃的来诱惑哥哥。

在这个互动的过程中，你会发现客户的信任随着你们互动积累已越来越深了，大家逐渐成了无话不谈的"小情人"，基本上就已经从一个陌生人到钢丝了。

她说你除了卖玛咖之外还有没有卖别的，我说还有香格里拉松茸。她就主动说

自己也喜欢松茸，与其在别人家买还不如找我买。然后又是各种满意，那是必须的，再逗逼的嘴也比不上牛逼的产品！卖点好的很有必要，请各位微商明鉴！

　　然后有一次我正在打桌球，她发来微信说，靠谱哥，我想做你的代理，求收留。我就发了一张玩桌球的照片给她，然后她回敬一张打麻将的照片。再后来，她和前面的逗逼男一样，也做了代理。

　　你看，前面微商兵法中分享了"用户立体价值"，从用户终身价格（重复购买），到加盟代理，到买家秀用户见证，是不是都逐步开发出来了？用户立体价值是隐藏的蓝海，90%的微商看不见的金矿。想到这里我就放心了，做一个好人，在微商行业会得到你意想不到的回报。

　　所以，第一次成交只是双方发生关系的开始，而不是结束。先做人再做微商，互相调侃的时间越久，大家信任感越高，我们都倾向于找认识的熟人买东西，对不？这就是前文分享的"后端营销"，20%的老用户创造80%的利润！用心服务开发"用户立体价值"，建立靠谱哥的用户社群，这才是微商竞争的真正战场，也是我们

"玩赚微商团队"的最高战略。

这是我们去年测试玛咖项目时的经验总结，涵盖了"微商兵法"的内容，"1"代表一个中心：一切以"钢丝经济"为中心。而钢丝经济的战略核心其实就是钢丝社群的构建。"2"指两个基本点，就是"创造播传机器"和"创造赚钱机器"。"3"代表三大战略，就是"自明星战略、做爆品战略、玩社群战略"，人品为先产品殿后，卖产品不如卖自己。先打造个人品牌的张力，借助包装、物流、互动、经验等有形无形的资源，打造我们的播传机器，自动化裂变靠谱哥的影响力，反过来加速微商赚钱机器的运转。

经过我们自己的亲身检验，这套"互联网＋微商兵法"创业模式，先用单账号测试成功以后，就用规模化的微商军团作战方式组建公司。而活草堂玛咖项目公司从正式立项到 2015 年 1 月底的短短三个多月，取得了突飞猛进的发展，最高日销售突破 50 万元。

同时，我们决定把这套模式嫁接到另外一个完全不同的行业——宠物用品，作为"中国宠物微商第一品牌"，吸引了好几家宠物电商大卖家一起合作。

2015 年，微商野蛮生长的乱纪元结束，开始迎来规范化运作的恒纪元。2016 年春天，约吗？

第五篇　更多微商牛人案例

还有哪些闷声赚钱的微商牛人，我从朋友、学员中挑选了几个典型的实操牛人，都是 KK 亲眼见证的真实案例，并邀请他们总结了自己的实操经验，分别分享给你。

微商案例一：
"中国宠物微商第一人"是怎么炼成的

豆柴微商录
文/红兵

我叫红兵，是宠物微商品牌"豆柴"创始人，被宠物行业泰斗王天飞老师誉为"中国宠物微商第一人"。目前拥有上万名宠物用户，回头客高达 70%，算是有了一点小小成绩。所以我就简单和你分享一下，我是怎么一路摸索过来的。

相信你能看本书，表示你对微商已经有一定的认可，看完本书前面的"玩赚微商导图""玩赚微商兵法""玩赚微商心法"，相信你对如何进军微商已经有了自己的判断。所以关于微商大趋势就不多讲了，我就分享一下，豆柴是如何成为"中国宠物微商第一品牌"的经验，尤其是对"玩赚微商兵法"的运用，希望对你有所启发。

开始之前，我先简单介绍一下我自己。我创业五年了，之前做过站长、竞价、淘宝。但是一直像个没头苍蝇，哪里赚钱哪里跑，跑着跑着就迷路了。直到 2014 年元旦参加了 3 天 10 万元《玩赚电商 3.0》黄埔特训，后来有幸成为玩赚合伙人。2014 年 6 月投资 100 万创立了中国宠物微商第一品牌——豆柴天然狗粮。这是我自己喜欢的并可以为之坚持的事业。

因为我超喜欢宠物，自己也养了两只贵宾犬，因为市面上的狗粮很多添加剂，很难买到放心粮。后来就想，现在养狗的人这么多，和我一样担心的人也很多吧？要不然就自己投资，做个放心的天然狗粮算了。于是我跟 KK 提出了自己的想法，

投资 100 万创立了纯天然狗粮品牌"豆柴"。

但前期因为对宠物行业不了解，我还记得很多狗粮加工厂听到我的要求时，都大吃一惊说："你疯了，这样子做狗粮没利润的！"光是研究配方，寻找靠谱的狗粮加工厂，就花了大半年的时间。一开始我也很纠结，但唯一给我信念的只有一个东西——梦想。到 2014 年底，亲眼看见了玩赚集团其他微商项目的迅猛发展，我和豆柴终于下定决心，必须成为中国宠物行业的微商第一品牌！

那么豆柴如何成为"中国宠物微商第一品牌"的呢？请听我慢慢道来。首先我还是要先说点"虚"的东西，就是使命。也可以说成我为什么要做狗粮。

行内人告诉我，做狗粮就一定要与外国靠边，消费者认这个。于是自称是"北欧的""美国的""英国的"超高性价比的狗粮在淘宝上月销上万件。但我认为中国也可以做出天然的宠物食品，同样让宠物主人找到"家"的感觉。

目前在淘宝上销量最好的狗粮是每斤 3 ～ 10 元，核算包装物流，这类狗粮只能用玉米，甚至玉米梗加上诱食剂制作而成。

宠物行业在中国是一个新兴行业，市场容量以每年 30% 的高速增长，美国金融危机大部分行业经济环境低迷，唯独宠物行业还在稳步增长。在澳大利亚，宠物行业拥有 3 万多名员工，并创造出近 6% 的国内生产总值。德国年国民收入的 17% 来自犬业等等。诸多数据表明宠物行业在我国潜力之深厚，近几年更是吸引大量国内投资人青睐宠物行业。

在中国，目前缺少一个真正有情怀的，可以让宠物主人感情泛滥的品牌或者说"家"。传统宠物食品品牌商主要还是通过线下渠道、电商渠道铺货的模式，面临被强势渠道零售商押款、替换、低毛利的担忧。并且没有服务意识，只是在卖一个冷冰冰的商品。

做爆品战略：产品是 1，体验是 1 +

微商兵法的三大战略"自明星、做爆品、玩社群"，我觉得首先是做爆品。我们豆柴天然粮，必须做出让用户尖叫的爆品！爆品八条标准的第一条，就是良心产品，换句话说敢不敢给自家的狗狗吃！所以我们的天然狗粮，第一个就是给我的两个宝贝吃，岂敢马虎！

我说服了中国大的狗粮厂加工，由"中国高级宠物营养师第一人"王天飞老师联合法国营养师研发，先后优化 13 次配方，邀请了 100 多只狗狗内测试吃，连外包装袋都是食品级标准，还有印着豆柴核心团队真人头像的品牌画册，前后历时 8 个多月，从春天干到了圣诞节。

我想再介绍一下豆柴品牌画册，上面印着我们核心团队的真人头像，为豆柴品牌代言。毕竟微商需要"人品担保"，敢于亮出真实的头像，就是对产品品质的人格保证，用什么来检验你的人格呢？

必须要有"零风险承诺"！豆柴每袋狗粮都会免费赠送一个试吃的小包装，如果你家的狗狗不喜欢吃，我们包邮给你退货！如果你对自家产品有如此底气，还怕不好卖吗！（悄悄告诉你，零风险承诺对转化率提升很大哦。这也是我从 KK 那里偷学来的一个绝招，嘿嘿。）

在"做爆品"这一战略上，我们坚信"慢慢来比较快"，不惜血本做好品质，目前微信端回购率高达 70% 就是豆柴狗粮品质的明证。但 KK 反复强调："做爆品不只是做销售，而是把爆品作为连接用户的工具，把人品作为连接用户的节点，把社群作为连接用户的虫洞！"

因此我个人认为，爆品由三大部分组成，第一是产品质量，第二是产品体验，第三是连接能力。豆柴把产品质量做足 100 分，接下来是产品体验，一定要走心，让"狗爸狗妈"眼前一亮，才能锁粉甚至裂变，才有形成"狗民社群"的基础。

做电商还是做微商

我过去做百度竞价和淘宝，对电商比较熟。一开始也觉得微商都是小生意做不大。为什么还有那么多电商人看不上微商呢？很大一部分原因，是因为他们没有近距离观察微商实战的机会，我也是"近水楼台先得月"，亲眼看到玩赚兄弟公司进军微商的突飞猛进，才开始真正重视微商。

后面也对微商、电商模式进行了认真分析，比如宠物行业的品类实在太多：主粮、零食、窝笼、洗护、衣服饰品、药品等等太多了。销量不错的大卖家 SKU，少的有 500 多个，多的有 2000 多个。SKU 越多，库存积压越严重，广告费递增，人力仓储成本，平台扣点等等都很令人头疼。盈利的淘宝卖家不超过 10%，最要命的

是，你的消费者不属于你自己，而是属于淘宝，店没了，你的一切就都没了。

所以根据"做爆品"战略，我们SKU非常少，只有主粮和几款零食。很多人说专注，其实只说对了一半，如果我们专注在狗窝上会怎么样？也是留不住用户的。所以KK说，做爆品要选择连接能力强的产品，我的理解就是需要高频率反复购买的产品。所以才选的主粮，至少每个月回头一次，这样才会有"连接能力"，做社群才有可能。

最终经过测试和排除，我们把豆柴模式定位为：宠物社群微商。

如何创造宠物自明星

上面讲了"玩赚微商兵法"三大战略中的"做爆品战略"，接下来和你分享，我对"自明星战略"的理解和运用。

自明星账号定位

自明星要播传个人魅力，所以首选个人微信号，公众号的话可以用服务号当辅助，订阅号可要可不要。

你还记得自明星战略的"九字真言"吗？"自明星、真专家、全媒体"，所以豆柴的自明星定位，就是明星专家二合一的形象，把"宠物医师、宠物营养师和训犬教练"三个专业性非常强的专家，分别和自明星的高大上形象融合到一起。

当然豆柴核心团队都是非常喜欢宠物的人，因为喜欢，他们才更有耐心，才能跟我们客户成为很好的朋友，这点是团队选人的首要标准。专业上也毫不逊色，国家宠物营养师，兽医专业，我还专门派人去杭州学习如何训犬。

用超级符号创造自明星！

微信账号的名字、个性签名、封面和头像都非常重要，最好用超级符号——我不会告诉你，封面头像里的车是玛莎拉蒂，你觉得这个狗狗生活品质怎样？哈哈哈！

穿透朋友圈，塑造自明星！

很多微商死在朋友圈内容塑造上，那些让你反感直接屏蔽掉的都是不会做微商的。KK反复强调："做微商要把爆品作为连接工具，把人品作为连接节点，把社群

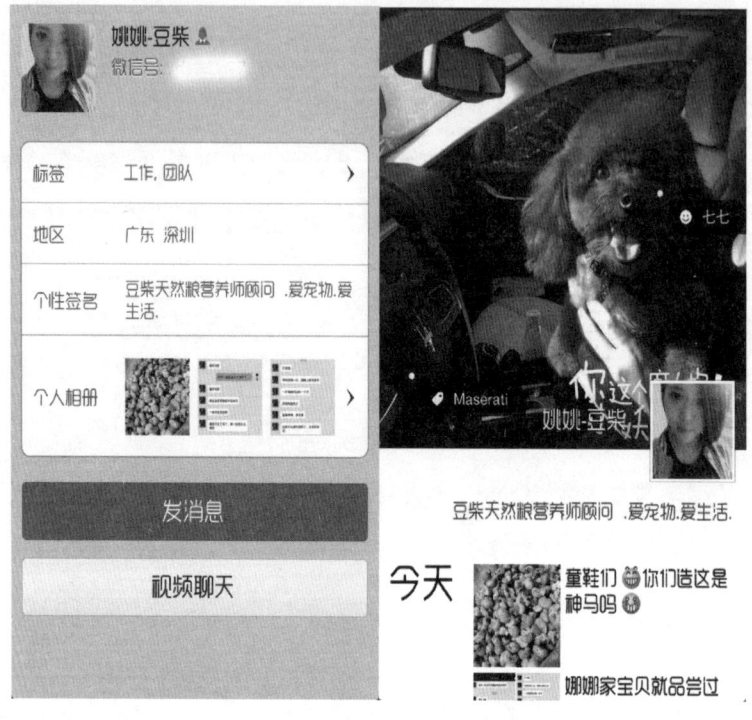

作为连接虫洞！""软硬皆内容，广告即娱乐。"

微商的核心是通过社交来维护客户关系，与客户建立私人情感连接，而不是刷屏推销。我个人觉得，在朋友圈内容的塑造上要有：信任感、互动性和价值点。用幽默诙谐的方式，创造朋友圈内容（还有软广告），会让用户更加乐于接受。

在内容上我们主要包括：

1. 专业知识

相对枯燥，但是宠物主人提供了一个存在的价值点，偶尔发发宠物方面知识，宠物主人遇到问题第一个想到的就是你。

2. 客户见证

是一个不变的主题，客户见证"做到死"这句话有木（没）有听过？有木（没）有！要主动收集客户的反馈，代言照片，我们也会主动与客户询问建议，客户的建议对我们起到莫大的帮助。客户还有了参与感，没有完美的产品，就是需要与消费者建立连接，不断听取建议，优化在优化过程。

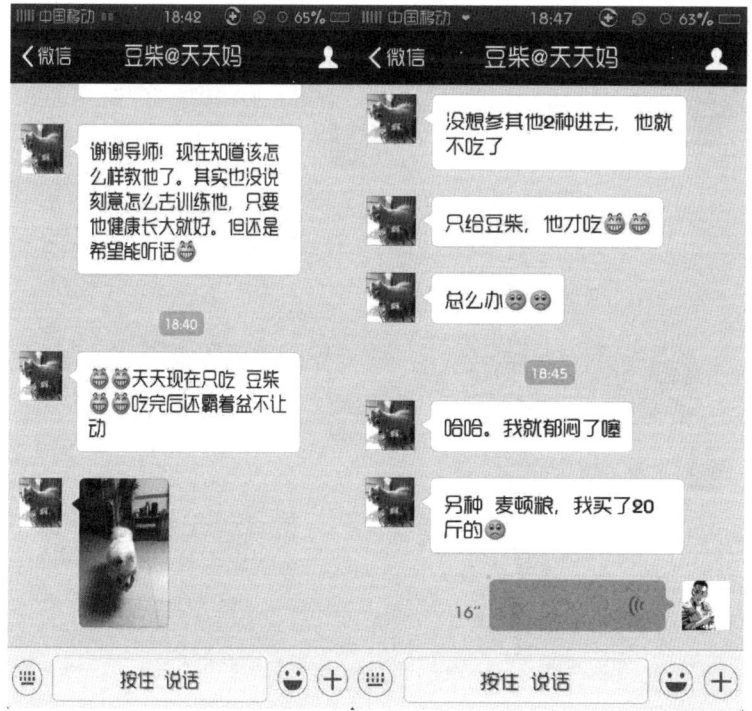

3. 互动性

针对宠物主人互动的点子可以想出太多太多了。晒萌宠照片评选，收集萌照然后进行投票的方式，第一名奖豆柴天然粮。晒训犬视频评选，记得几个狗狗视频让我们都目瞪口呆，会上百种动作，而且这类视频传播量非常惊人哦。点赞限制前5名可以1元秒杀宠物零食等等各种好玩有趣的活动。

（当然点赞和评论也是一种互动，不过要适量，如果条条都评论和点赞就会让人觉得你很闲、低人一等。有了互动，朋友圈黏性会极大提高。）

4. 个人的生活和兴趣

KK讲微商必须懂得"生活大于生意"，有工作更要有生活才是一个完整的人，晒出你健康向上的生活态度，传播正能量的信息也非常重要，同时会增加信任感。当然最好是高大上的细节元素。对你自明星形象有加分的才晒，减分的一定不能晒，切记！

5. 要做软广告不要硬广告

在这个消费者霸权时代，强塞的信息就会让人排斥，所以在文案上软广告的植

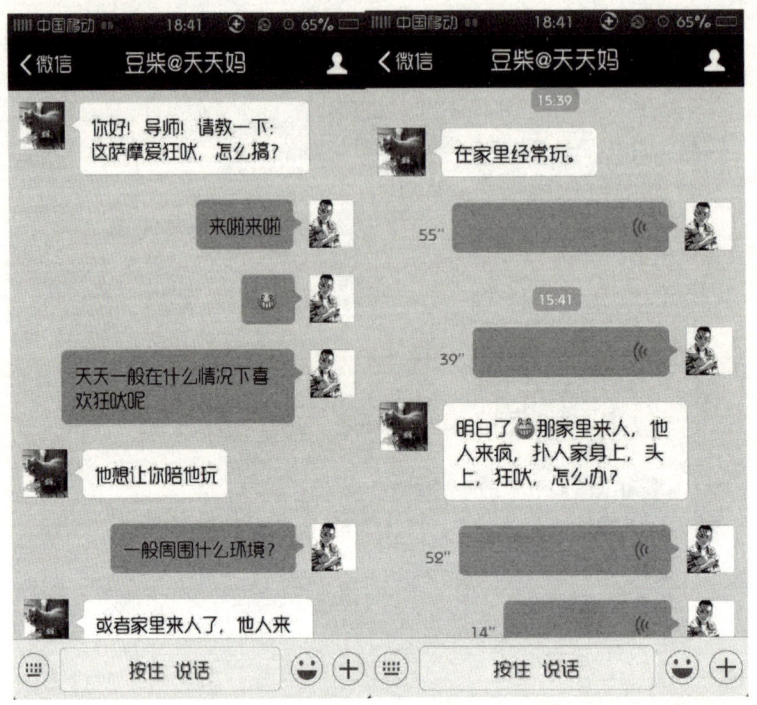

入是重中之重。

　　每天内容不宜过多，我们一般控制在 5 条内，这个要结合自身账号来定，因为我们账号内都是宠物主人，非做微商的正常账号好友数一般不会超过 500 人。每天 5 条已经可以保证每天都可以在你的客户面前得到足够的曝光次数。

　　总而言之：内容的塑造一定要做到脱颖而出，在这个信息泛滥的时代，要得到关注就要做到与众不同，KK 穿透朋友圈的秘诀"软硬皆内容，广告即娱乐"，反复体会受用无穷。

吸粉！吸粉！吸粉！

　　吸粉应该是很多微商最常问的问题：你那么多人怎么加的？其实这不是微商成败的第一个关键点，根据"玩赚微商导图"，你要先创造自明星启动播传机器，然后再来优化赚钱机器的销售流程——成交、锁粉都有了完整的解决方案了，再来考虑吸粉的问题。

　　普通人研究加粉——怎么加别人，但豆柴要有豆柴的逼格，要吸引到宠物主人

主动加我们（吸粉），要求就更高了。你知道微信是封闭的，单靠朋友圈里那点人肯定做不大，所以必须从外部引流吸粉。对微商小白来说，找流量加粉吸粉还真是很大的挑战。

但天下没有白捡的便宜，你想做成微商，总得有自己的绝活吧。吸粉这关必须拿下来。那么关于吸粉，我讲讲豆柴是怎么做的，剩下的就请你结合自身行业特点思维发散吧。

中国目前养宠物的城市人口只有不到 5% 比例，为了吸粉我们测试了非常多方法，也走了很多弯路。网上流传那些"微商吸粉 36 式，108 招"之类的没有营养的文章，一个个测试浪费时间也没效果，最后还是无头苍蝇，不知道往哪里发力。

我的经验就是"一招用到底"，就像打井一样的道理。有人在的地方就有生意，看"玩赚微商导图"，吸粉之前先搞清楚你的目标用户在哪里，然后投放鱼饵吸引鱼儿上钩。

我们有免费、付费两种方式吸粉。付费主要利用宠物类微信公众号、广点通和微博发付费广告，定位为宠物医疗、营养、训犬的老师，帮助宠物主人解决问题，核算单个粉丝成本 6 元左右。宠物主人通常比较热情，喜欢交朋友，也会经常交流养宠物的经验。

免费的吸粉渠道有 QQ 群、宠物论坛、宠物贴吧、分类信息等等，另外还有 O2O 线下吸粉效果也不错，豆柴参加了上海的宠物展览，用 X 架二维码吸粉，4 天吸粉 800 多人。还有宠物门店的海报，扫一扫送豆柴天然粮试用包、参加宠物聚会等都是效果非常好的吸粉方法。

免费渠道放大需要不少的人力投入，付费渠道放大需要不少的资金投入，世界是公平的。

3 个多月的时间，我们通过以上方法吸粉 1 万多人，分为 4 个自明星账号运营，成交率做到了 20% 左右，回购率高达 70%。这个结果还算及格，但还远远不够！

宠物社群怎么玩

"玩赚微商兵法"三大战略，第三个就是"玩社群"。豆柴有了用户和粉丝，接下来就准备玩社群了。

第一步当然是把用户关系维护好，好好开发"用户立体价值"。所以我们把微信当成了 CRM（客户关系管理）工具来用，而不是作为促销工具。微信与粉丝的沟通和旺旺完全不一样，几个来回的对话就可以建立感情，用户收到狗粮还会主动晒朋友圈分享。

〈返回	标签	新建
工作		
代理		
陌陌		
已购买		
团队		
年卡会员		

　　具体细节有备注名、标签、描述与附加照片等。我们会给粉丝做备注名，在描述里记录狗狗的姓名、生日、购买日期、对豆柴天然粮的反馈、宠物照片等等非常详细的信息。

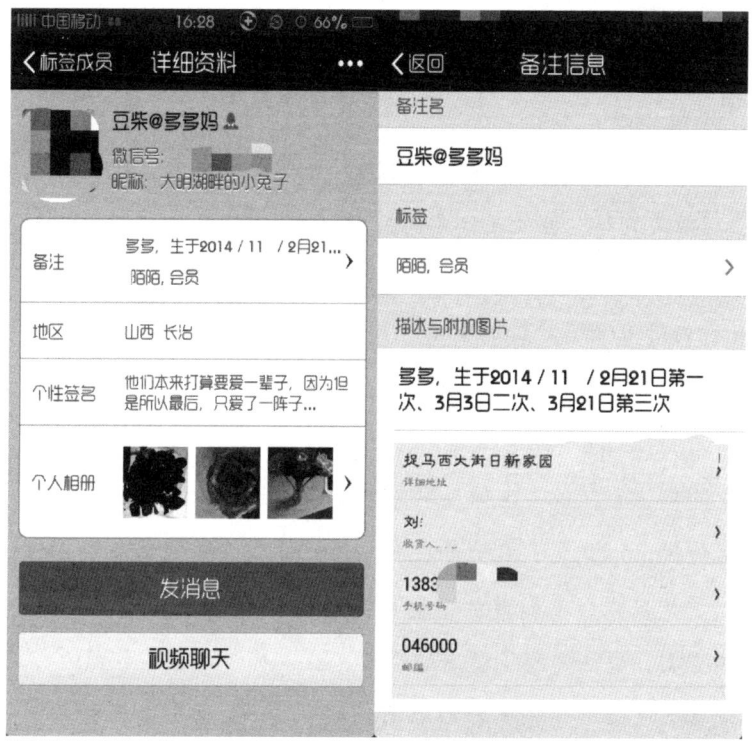

　　这样非常方便管理。如果原来的客服微信换人，新人可以很快上手并熟悉老会员的数据信息，方便计算转化率、回购率，还有狗狗的食用周期等，方便炼钢。

　　针对客户关怀方面我们也是下足了功夫。狗狗过生日我们都会邮寄手写卡片和小礼物，经常回访客户之前的问题，比如一个客户狗狗的名字叫卡卡，豆柴的同事会去主动询问"卡卡最近怎么样""皮肤病有没好些"等等，豆柴把粉丝彻底转化为了钢丝。

　　我很了解 KK 讲的移动互联网四大特点，稳步做好碎片化吸粉、用心积累粉丝提炼钢丝，虽然狗粮是个慢生意，一旦积累到一定程度就能引爆口碑裂变的能量，威力相当巨大。

　　有很多的老客户主动帮我们介绍朋友来买豆柴，有个钢丝我印象很深，是四川

成都的丽姐，短短一个月她就帮我们介绍了 30 多个新用户！通过宠物把大家连接到一起，感动和惊喜不断扩散，裂变！就成了宠物社群的前奏！

接下来"放大招"

前面讲了打造自明星的基本运用，还有进阶玩法，那就是直接和大卖家合作进军微商！但怎么吸引对方呢？

去年我走访很多宠物行业公司，发现他们都没做微信营销，很多人半开玩笑地说："用微信还能卖狗粮？你是第一个呢！"豆柴是中国宠物行业第一个吃螃蟹的品牌，我又是创始人，于是宠物行业泰斗王天飞老师就称呼我为"中国宠物微商第一人"，慢慢在行内就传开了。到现在我还有点害羞，KK 说慢慢就习惯了，哈哈！

用自明星战略来思考，"中国宠物微商第一人"就是我的个人品牌定位，慢慢地我亲身感受到了自明星背后巨大的能量。

宠物行业的弊端有很多，比如过多的 SKU，低毛利，过高的人力和广告成本来看，盈利的店铺极少，日发千单只是表面风光。每个大卖家都有百万级的宠物主人数据，可都成了死数据，不知道如何运用。这些 BOSS（老板）们心知肚明，却苦于找不到解决方案，也注意到了微商的迅猛发展，想介入却摸不到门。

听到江湖传言有个"中国宠物微商第一人"，好像很牛逼的样子。于是很多大老板都主动约我见面，要知道身价上亿级的老板不会随便见人，企业能做到这样级别，老板当然有远见，很快意识到微商势在必行，却求助无门。因为懂宠物行业的不懂微营销，懂微营销的不懂宠物行业。

我先简单分析一下，微营销对这些宠物行业大卖家的意义：首先可以解决搜索问题。以前消费者大部分是通过搜索购买商品，一个新品很难会被搜索到并曝光，而利用微营销可以很快速地推爆新品。

然后把客户变成钢丝，极大地增加黏性和回购率。以前消费者是通过旺旺与卖家沟通，而这种沟通方式不易与消费者建立情感，如果是回复慢了都会被骂，顾客是上帝。而微信改变了沟通方式，与客户变成了朋友，客户成为你的粉丝甚至是钢丝。

第三，还可以极大地减少广告和运营成本。微商的转化率和回头率是淘宝无法

比拟的，而且微信是闭环，粉丝对价格和品牌的敏感度会极大减少，更多的是对人的信任。通过运营微营销，一年可以至少减少电商企业一半的广告投入，对大企业来说这可是几百万的金额，省下来就相当于白捡了几百万利润！

"中国宠物微商第一人"的自明星定位帮我完成了吸粉的第一步目标，而且都是宠物行业内的重量级人物，他们主动约我见面，就想听听我们做宠物微商的玩法。当然你自己必须得有料，结果是最好的实力证明，后来都主动提出要和我合作进军微商。

最终我们的目标是进行千万级的粉丝互换，因为宠物和人一样，需要衣食住行，涉及品类极多，豆柴主做宠物食品，那么我们去寻找其他产品互补和粉丝裂变，应该能引发宠物行业不小的震动。

以上这是我利用微商作为杠杆，整合宠物行业资源，合作共赢的借力实践，希望对你有所帮助。

豆柴未来的路还很长，我们不期速成，我们日拱一卒。不积小流，无以成江海。方向对了不怕路远！

我是红兵，中国宠物微商第一人，豆柴创始人。欢迎交流合作，加我微信：13804978888，请备注：玩赚微商。

微商案例二：

3 个月做到日发 150 单的农产品微商

关于农产品微商的一点实践心得

文/徐姗

非常感谢 KK 老师的邀请。我先说下我的整个过程，2014 年 5 月参加了 KK 老师的微商培训，意识到移动电商前景。9 月决定做农业微商，11 月开始全身心投入。

到 2015 年 2 月，单量稳定在 150 单/天以上。

刚开始我微信里的朋友只有不到 200 人，到现在信任度较高的 1300 多人。而且现在我的瓶颈在于供应链把控，而不是客户人数，客户人数是很容易做的。

刚开始做的时候，因为觉得微信本身并没有什么流量入口，我当时能想到必须要做的两个事是：

1. 必须增加微信个人号的好友数。

2. 必须严格把关产品，这样才有复购率。

当时我策划了一个活动：300 人的全年免费试吃。只需要交 600 元押金，即可每个月至少免费收到一次我寄送的广西以及东南亚的特产。

条件是：必须是孕妇或者是妈妈，必须添加我的个人微信号和 QQ 号为好友。并且每次收货以后发试吃反馈到自己的朋友圈和 QQ 空间。

当时的想法很简单，通过 300 人的免费试吃，可以初期简单容易地获得 300 人至少一年的持续关注。而且可以通过她们的试吃来判断哪些产品是有市场，哪些是没有的。毕竟自己吃了好吃不算。

说真的，刚开始只有两个人相信我以及我的这个活动。我立马就给她们发了红心火龙果过去，她们开始宣传好友、同事加入。慢慢地有 200 多人加入（因为后面想控制加进来的人的质量，所以把关比较严格）。

而后，我又通过这 200 人做了一次木瓜试吃的活动，当天个人微信好友的人数增加到接近 1000，通过客户介绍来的客户又自然增粉了 300 多人。

我的粉丝数目数据对很多微商来说并不是太好。我比较好的数据是每天的单量以及客户的信任度。而这一切的核心点在于我对产品的把控以及对客户的用心程度。

判断一个农产品能不能好卖的标准就两个：

1. 好不好吃。（现阶段，最重要的就在于这点。）

2. 有没有营养。两者必备其一，不然就不用做了。

我现在组建了一支分销团队，全部是之前参加过我试吃活动的人，她们了解过我的产品，也信任我的为人。当时发出招募分销信息的时候，有 100 多人报名，因为要做压力测试，就只通过了 30 多人。

而且帮助她们售卖的方法非常简单，每个人给我 10 个潜力客户的名单，我把客

户觉得好的产品直接给她们的客户做试吃。因为好产品本身是有生命力的，她们觉得好就直接下单购买了，不需要非常辛苦地想着怎么加人。

2015年我会做包年套餐，以及针对某种水果的周期购套餐，来提前锁定利润。这些都被测试证明为可行也有市场价值的事情。

农产品打开市场很快，但也有个问题，物流和损耗是它的痛点，每种产品在决定做之前必须做快递测试，不然后面大规模做的话，会非常痛苦。售后非常多，这点我深有体会。

农产品，尤其是水果，是非常具有体验性的，如果经济允许的情况下，尽量多做体验。真的会带来很多订单。

这就是我做农业电商的一点心得，不多，也不深，但如果你也做农产品电商，不妨试试。

我叫徐姗，在广西南宁，欢迎交流合作，我的微信号是mathydsunny，加我请注明：玩赚微商。

微商案例三：
快速成长的小而美平台——微蜜蜂俱乐部

文/林德龙

微蜜蜂俱乐部2014年5月1日成立，专注中小企业微营销品牌孵化。采用会员制，有12800元一年制会员和68000元终身会员两种。我们成立第一个月就开始盈利，到目前拥有500多名会员。

我们严格控制加入人数，否则过千会员都是正常，因为要先培养种子用户，做好口碑。我们捉住了中小企业转型与微营销兴起的时代趋势，每周六都雷打不动举行"决战移动端"高端沙龙，已经做了32期。

为什么短短8个月就有这么多会员加入微蜜蜂俱乐部呢？

在互联网思维中有一个叫流量思维。流量意味着体量，体量意味着分量。我个人理解引流就三种方法：一是平价，二是免费，三是倒贴。

分享一下我们的做法。

首先敢于自毁三观，创造话题。客户一进门就看到八个大字："同流合污，一起鬼混！"这是微蜜蜂的经营理念与价值观。我们认为员工是用户，客户是用户，每个人都是屌丝群体，屌丝群体就要用屌丝人群喜欢的词语。通俗好理解，同流合污更有屌丝范儿，敢于"自毁三观"，创造话题，很多客户都会留影纪念。

然后，我们免费邀请有项目和想转型的企业家朋友到微蜜蜂俱乐部参加微营销沙龙，并且准备很多加多宝、红牛、咖啡、矿泉水、水果，免费吃喝学习，在服务上做到极致，第一步就让企业家感到占了便宜。

第三，两个小时的沙龙，我们只分享干货，讲成功案例；只挑选我们擅长的项目合作，培养好第一批种子用户。在会员服务内容中，我们设计了让用户尖叫的全套姿势，并且超预算地满足他。

我们以这种高性价比的方式做引流，所以我们不缺用户，因为收会费并不是我们的主要利润来源，而在于发掘优质合作项目的回报。现在都是客户主动找上门，但是我们有自己的逼格态度。

我叫林德龙，是微蜜蜂俱乐部创始人，欢迎合作交流，我的微信号是 ldl9797，加我请注明：玩赚微商。

微商案例四：
不招代理，月销 500 万的化妆品微商公司

文/蒋晖

因为微商太火热了，而大多数人并不知道微商应该是什么样子的。因为我们大多数人见到的微商都是朋友圈招代理。因为这种模式太火爆了，导致了微商模式的被误解：很多人认为微商就是传销。

2015 年初，我在我的朋友圈里做过调查：70% 的人不看好微商。其实这更是好事，一个真正的机会，往往是因为大部分人不看好才导致的。

我从 2012 年开始关注微信营销，但是一直没有见到什么非常接地气的案例，所以到 2013 年都没有那么重视。但是因为 2014 年朋友圈营销的火爆，8 月份我去深圳找 KK 学习取经，他带我去他朋友的 A 公司参观，结果当场把我震撼了！

A 公司和 KK 公司，两家公司化的微商，核心架构几乎一样，除了一个小小的区别，一个是泛流量转化成交，一个是精准流量转化成交。后来我把这个模式分别给了不同的公司不同的建议，他们听完后都非常激动，都在逐渐调整。而且调整到位的，业绩都出现了增长！到底什么样的微商公司、什么样的微商模式可以给我们这么杀伤力的启发？

A 公司主要通过微信朋友圈经营自有品牌化妆品。我 2014 年 8 月份去的时候，它月营业额不到 500 万（后来 12 月份我又见到他们老板，已经发展到 800 万了，神速）。在朋友圈卖化妆品 500 万其实没有什么神奇的。

但是这家公司：

1. 它没有一个代理商，500 万业绩 100% 直营。你要知道很多微商货压在小微商那里，消费者根本不买账；

2. 公司净利润率超过 50%，刚成立的公司，利润还能这么火速的发展；

3. 每个业务员拿着 3～5 个 IPAD，当时共有 100 个业务员，共有 600 万微信粉丝！（12 月份时候销售顾问已经近 200 人，微信粉丝已经超 1000 万）

他们的商业模式有什么不一样呢？跟我们理解的微商需要自己进货、然后发展代理商、顺便卖点货不一样，这家公司的分工特别明确，有 3 个核心部门：

1. 20 多人的吸粉部门；这个团队的工作就是每天通过免费及付费的方式获得 1 万～3 万个年轻女性粉丝。

2. 100 人的成交部门；他们的护肤顾问部门 100% 是女士，而且 99% 美女。大多数销售顾问此前都是做线下化妆品柜台销售顾问。因为这些柜台销售顾问本来就熟悉化妆品知识以及销售技巧，因为在线下销售时他们需要站一天，竞争非常激烈非常累，而在 A 公司，100% 是通过 IPAD 销售，和白领一样，而且收入更高。所以A 公司招聘她们就显得比较容易了。

她们的工作就是把推广部门加满粉的微信账号拿过来，然后开始用 A 品牌护肤专家的个人品牌定位更新朋友圈。这不就是"玩赚微商兵法"提到的"自明星＋真专家"么?! 看来是英雄所见略同，成功的道理都是相同的。

有一个牛逼的亮点，我问她们这么多的销售顾问在网络上是不是以统一的形象

在展示，因为这样更加容易管理呀！

而她们每个业务员都是以独立的、真实的"护肤专家"的身份在销售。她们的每个头像都是真人照，而且每个顾问头像都是穿着白大褂，显示专业。也就是在用户看来，这是一个真实的专家。这就是为什么他们招聘主要看颜值的原因！而她们在朋友圈内都是定位为"老师"，每天在朋友圈内就是给大家分享护肤观念。

朋友圈的文案包括："LINDA 老师来跟大家分享怎么在夏天有效地祛痘……"。而每个这样的文案下面，都有各种潜在客户的留言……这些销售顾问就是通过这样的方法挖掘出她的潜在客户。

而且她们规定，每个新账号第一个月只许分享，不能销售。一般第二个月就可以陆续产生业绩了。平均每个成熟的销售顾问能够产生 5 万～10 万销售额，最牛的销售顾问可以做到 20 万，个人工资拿到 3 万多！

3. 产品部门；A 公司的老板本来就已经是一个成功的企业家，所以这次的目标已经不是赚钱，而是通过 A 公司打造自己的品牌梦想，所以在产品上也投入非常大。这次他找的是某大牌的产品负责人，所以使产品上具备优势。

总结一下，A 公司能够做大，就是通过这样的分工制度。我们看一般的微商营销模式，都是一个人又管货又管推广，还管营销销售。所以这样的微商创业成功的难度系数其实是非常大的，有几个人能够这么全面呢？

但是 A 公司把岗位完全细分了，靠一个团队解决了问题，社会上有现成的网络推广人员，也有现成的化妆品销售顾问，现成的产品研发人员。这些人才社会上都有，A 公司只要招聘后，做一些简单的培训，就可以无限复制了。

即：更多的推广带来更多的用户，更多的用户需要更多的销售顾问，更多的用户则可以销售更多的产品。

所以，2014 年初才探索的模式，2014 年 8 月份即做到 500 万销售额，而 12 月份即做到 800 万销售额！净利润率超过 50%！

为什么这个案例给了我很大的启发？微商的 3 年后会是什么样的？最后的总结是亮点哦！

这家公司现在已经拥有超过 1000 万的微信好友。3 年后，不出意外，将会超过 3000 万的微信好友。而且还是积累了 3 年的信任。

这和在一个 3000 万人口的国家开一个超级连锁店有什么区别？

如果不是 3000 万的微信好友，就算只有 5000 个呢？如果有这 5000 个对你熟悉的人，那就是一个小区门口的超级实体店了！因为每天你都可以在他们的眼前曝光，并且彼此之间都是"半熟人"——还记得 KK 讲的"论微商与三大关系"么？

所以，我提了一个观点：微商就是全新的虚拟商业地产模式！如果你的小区还在开发的时候，门口有一个商铺，你可以不花钱拿到永久产权，未来还是零租金，请问：这个商铺你愿意花多少钱拿下来？

这就是未来微商的可怕！也是现在的机会！

我们看到现在的微商都在发展代理商，对吧？为什么除 A 公司外，正经卖货的微商反而没多少呢？难道微商就适合传销吗？而 A 公司为什么又是这样的异类呢？

今天为什么有那么多传销式微商呢？因为就像中国 1990 年代的品牌，有几个企业认真做产品？那时候企业都是在圈全国的代理商，谁圈到最多的代理商谁就能够赚钱。也很少人做直营的渠道，因为那样赚钱太慢了。

另外，我们看安利，也可见一斑。早期安利在中国，就是做成传销模式，才有了疯狂的品牌知名度的扩张。等到后来，才开始说有人用心卖安利产品。

所以，在微商发展的前期，也必然是借助于代理商快速扩张。所以这并不是未来，未来又是什么样呢？是 A 公司模式吗？

我再讲一个案例：

我的一个朋友，是一位富太太，也做着微商。但是因为是富太太，所以做微商纯粹是玩票性质。然而她可以稳定一个月赚上 2 万。怎么做的呢？因为她本身有很多的少妇朋友，她就从她的资源里一些优质供应商中挑她喜欢的东西在朋友圈里卖，大概一件东西就赚 30～50 元，利润并不高。她的朋友因为知道她赚得不多，大家都喜欢在她这里购买。

因为这个案例的补充，我又要推导出另一个秘密：

未来的微商模式是什么样的？

A 公司既有产品研发能力，又有吸粉能力，还有销售能力。而这样的公司化微商企业很显然对能力、资源的要求太过高了，不适合大多数的小微商。

我们来反观线下商业，有研发能力，又能开全国直营店的品牌是有，但是更多

的公司是"产品与渠道是分离的"。

所以会产生两类微商企业：

1. 专注于积累粉丝的零售商。零售型微商就像线下的实体零售店，他们自己不生产货，他们就是有客户在手。然后他们找到适合这些客户的供应商。

（1）现在的大量实体零售店，也将全面变成"微商"，即实体零售店只是吸粉的工具，销售方面很多将是在微信上！

（2）有纯网络的公司，擅长积累粉丝，完全通过微信销售。有的微商只拥有100个高质量粉丝（比如代理商），而有的微商会拥有1000万个粉丝（比如A公司就是这种）。他们服务不同的人群，匹配不同的产品。有的微商跟线下小店一样，一个月赚1万块，还有可能有的微商是兼职玩玩，一个月赚几百块。也有可能形成屈臣氏、沃尔玛那样的超级渠道。

2. 专注于开发产品的供应商。由于大量的前一类零售商的出现，会有海量供应商围绕他们的独特渠道开发出匹配的产品。

我叫蒋晖，是富网店创始人，欢迎合作交流，我的微信号是jantie99，加我请备注：玩赚微商。

KK补充：我觉得微商是对商业渠道最彻底的革命！一切商业渠道都将围绕"移动互联网＋社交工具（微信微博等）"重新碎片化搭建。产品只是连接工具，人品才是连接节点，社群是连接虫洞。企业的最高战略，就是成为用户的第一连接节点！"互联网＋连接＋虚拟商业地产"，未来5年内必然通过移动互联网连成一体。而据我所知，目前能够看懂这个战略的人实在太少太少了，大家都在忙着招代理数钱！